KUNSTEN AF MADELSKER INDPAKNINGER

100 kreative opskrifter til at løfte dit indpakningsspil

Arthur Hansson

Copyright materiale ©2023

Alle rettigheder forbeholdes

Ingen del af denne bog må bruges eller transmitteres i nogen form eller på nogen måde uden korrekt skriftligt samtykke fra udgiveren og copyright-indehaveren, bortset fra korte citater brugt i en anmeldelse. Denne bog bør ikke betragtes som en erstatning for medicinsk, juridisk eller anden professionel rådgivning.

INDHOLDSFORTEGNELSE

INDHOLDSFORTEGNELSE 3
INTRODUKTION 6
CHIMICHANGAS 7
   1. Oksekød Chimichangas 8
   2. Air Fryer Chimichangas kylling 10
   3. Bagt kylling chimichangas 12
   4. Kalkun chimichangas 14
   5. Svinekød chimichangas 16
   6. Søde hominy chimichangas med frugtpuré 18
GYROER OG SHAWARMA 20
   7. Vegansk shawarma 21
   8. Kylling Shawarma 23
   9. Shawarma Ghanam (Libanon) 25
   10. Hannukah Lamb shawarma 27
   11. Græsk Tyrkiet Frikadeller Gyros 30
   12. Lammegyros 33
   13. Portabella Svampegyro 35
   1. Sous Vide Beef Gyros 37
   14. Vaflet Gyro med Tzatziki Sauce 39
   15. Gyros Caprese 42
RISPAPIRSRULLER 44
   16. Regnbueruller med Tofu-peanutsauce 45
   17. Tunforårsruller med lime og soja 47
   18. Lakserulle med kinesisk sort bønnesauce 49
   19. Ruller af rispapir med rejer 52
   20. Sashimi grøntsagsruller 54
   21. Ruller af røget kylling rispapir 56
   22. Kylling sommerruller 58
   23. Mango kylling rispapir ruller 60
   24. Hoisin kalkun rispapirruller 63
   25. Malet kalkunruller med jordnøddesauce 65
   26. Peking And Rispapir ruller 68
   27. Grillet oksesalat pakket ind i rispapir 70
   28. Oksekød og Quinoa ruller med tamarind sauce 73
   29. Citrongræs oksekød rispapir ruller 76
   30. Oksekød Bulgogi-forårsruller 79
   31. Satay oksekød rispapir ruller 82
BURRITO WRAPS 84
   32. Kylling gedeost burritos 85
   33. Kylling ris burritos 87

34. Kinesiske burritos 89
35. Kylling og ananas Burrito 91
36. Kylling Burrito Skillet 93
37. Andeburrito 95
38. Malet kalkunburritos 98
39. Mini slags veggie burrito 100
40. Bønner og tvp burritos 103
41. Bønneburritogryde 106
42. Bønneburritos med salsa mexicana 108
43. Sorte bønner & papaya burritos 110
44. Burritos rancheros 113
45. Cilantrito (cilantro burrito) 116
46. Middelhavsburrito 118
47. Mikroovn sorte bønne burritos 120
48. Sorte bønne- og majsburritoer 122
49. Red Bean Burritos 124
50. Burrito-bid 126
51. Spanske Burritos 128
52. Sød kartoffel og æg burritos 130
53. Bønne & majs burritos 133
54. Fiesta bønne burrito 135
55. Varme phyllo burritos 137
56. Jiffy mexicanske burritos 139
57. Matzo burrito gryderet 141
58. Burritos med vilde svampe 143
59. Crockpot burritos 145
60. Oksekød & ost burritos 147
61. Oksekød og appelsinburritos 149
62. Burritos af Kål 151
63. Flankebøf burrito med avocado dip 153
64. Grøn chile burrito med revet oksekød 156
65. Grøn chili røget brisket burritos 158
66. Lejr Burritos 160
67. Klubburrito 162
68. Ovnsprøde burritos med revet svinekød 164
69. Krydret burrito bonanza 166
70. Thai svinekød burritos 168
71. Æbleburritos med cidersmørsauce 170
72. Bananburrito 172
73. Frugt morgenmad Burrito 174
74. Grillet havkat burrito 176
75. Sprøde Tilapia Fish Burritos 178

76. Abrikosburritos 181
77. Baby bønne burritos 183
78. Bananburrito 185
79. Bønne- og risburritos 187
80. Bønner & tvp burritos 189
81. Cherry burritos 191
82. Butternut burrito 193
83. Cilantrito 195
84. Majs & ris burritos 197
85. Fiesta bønne burrito 199
86. Fryser burritos 201
87. Jiffy mexicanske burritos 203
88. Matzo burrito gryderet 205
89. Mikrobølgebønneburritos 207
90. Blandet grøntsagsburrito 209
91. Mojo sorte bønner burritos 211
92. Neato burrito 213
93. Pepita vegetabilske burritos 215
94. Burritos med vilde svampe 217
95. Vegetarisk burritos grande 219
96. Black Bean Burrito 221
97. Tofu burrito 223
98. Sprøde vegetabilske burrito banditos 225
99. Grøntsag-salat burritos 227
100. Krydret Chili Burritos 229

KONKLUSION 231

INTRODUKTION

Velkommen til KUNSTEN AF MADELSKER INDPAKNINGER, et kulinarisk eventyr, der vil tage dig med på en rejse gennem wraps verden. Wraps er med deres alsidighed og uendelige potentiale for kreativitet blevet en elsket del af vores kulinariske landskab. I denne kogebog inviterer vi dig til at løfte dit wrap-spil med en kurateret samling af 100 kreative opskrifter.

Vores rejse gennem gourmetindpakninger vil introducere dig til det kunstneriske ved at kombinere forskellige ingredienser, smag og teksturer for at lave sensationelle wrapkreationer. Uanset om du er en erfaren hjemmekok eller lige er startet på din kulinariske udforskning, vil denne bog være din guide til at mestre kunsten at lave wraps, der ikke kun er lækre, men også en fryd for øjet.

Når vi begiver os ud på dette smagfulde eventyr, vil du opdage hemmelighederne bag at lave wraps, der passer til enhver smag og kostpræferencer. Fra klassiske kombinationer til opfindsomme og unikke kreationer, vil disse opskrifter inspirere dig til at blive en wrap maestro i dit eget køkken. Så lad os smøge ærmerne op og fordybe os i "KUNSTEN AF MADELSKER INDPAKNINGER".

CHIMICHANGAS

1.Oksekød Chimichangas

Giver: 6 portioner

INGREDIENSER:
- 1 pund hakket kød, brunet og drænet
- 1 mellemstor løg, hakket
- ½ kop rød chilisauce eller enchiladasauce
- 12 mel tortillas
- Olie til stegning
- 2 kopper cheddarost
- 2 kopper revet salat
- 2 kopper hakkede grønne løg

INSTRUKTIONER:
a) Brun kødet i en stor stegepande og afdryp. Tilsæt løg og chili eller enchiladasauce.
b) Kom omkring 3 spsk kødfyld i midten af hver tortilla.
c) Fold tortillaen, stik enderne ind, og fastgør med trætandstikker.
d) Saml kun 2 eller 3 ad gangen, da tortilla vil absorbere væske fra sauce.
e) I en stor stegepande, med 1 tomme olie over medium varme, steg foldet tortilla, vend indtil gylden ca. 1 til 2 minutter.
f) Afdryp på køkkenrulle og hold varmt. Pynt med ost, salat og løg.

2.Air Fryer Chimichangas kylling

Gør: 4

INGREDIENSER:
- 6 tortillas
- 1 spiseskefuld tacokrydderi
- 2 lbs. Kylling, kogt og strimlet
- 2 kopper mexicansk blandingsost
- 8 ounces flødeost, blødgjort
- 1 spiseskefuld olivenolie

INSTRUKTIONER:

a)	Gør airfryeren klar ved at forvarme den til 360 grader.
b)	Kombiner kylling, flødeost, revet ost og krydderier, og fordel derefter i midten af hver tortilla.
c)	Fold chimichangaen og sprøjt olivenolie ud over siderne.
d)	Læg i luftfriturekurven og luftsteg i 8 minutter, vend halvvejs igennem.
e)	Server med guacamole eller creme fraiche.

3.Bagt kylling chimichangas

Giver: 6 portioner

INGREDIENSER:
- 2½ kop kylling; kogt, strimlet
- 2 spsk olivenolie
- ½ kop løg; hakket
- 2 hvidløg; nelliker, hakket
- ½ spsk chilipulver
- 16 ounce salsa (valg af varmhed)
- ½ tsk spidskommen; malet creme fraiche
- ½ tsk kanel
- \N knivspids salt; (hvis nødvendigt)
- 6 10 tommer mel tortillas dejlige fleksible. Hvis den er stiv, varm op inden påfyldning
- 1 kop Refried bønner
- Olivenolie (til drysning) Guacamole

INSTRUKTIONER:
a) I en stor gryde sauteres løg og hvidløg i olie, indtil de er møre. Rør chilipulver, salsa, spidskommen og kanel i. Rør strimlet kylling i. Lad afkøle.
b) Forvarm ovnen til 450. Smør randet 15 x 10 x 1 bradepande. Arbejd med en tortilla ad gangen, og hæld en bunke spiseskefuld bønner ned i midten af hver tortilla. Top med en lille ½ kop af kyllingeblandingen. Fold bunden, toppen og siderne af tortilla op; fastgør evt. med trætandstikker. Læg chimichangas i en smurt bradepande med sømsiden nedad. Pensl alle sider med olien.
c) Bages 20 til 25 minutter eller indtil gyldenbrune og sprøde, vend hvert 5. minut.

4.Tyrkiet chimichangas

Giver: 8 portioner

INGREDIENSER:
- 1½ pund malet kalkun
- 1 pakke Taco-krydderiblanding (1-1/4 oz)
- ½ kop vand
- 1 beholder fedtfri creme fraiche
- 8 mel tortillas (8-tommer)
- 1 kop salsa

INSTRUKTIONER:
a) Brun kalkun; dræne. Rør krydderiblanding og vand i. Bring i kog. Reducer varmen til lav; lad det simre i 5 minutter under omrøring af og til.
b) Fjern fra varmen; rør 1 kop cremefraiche i.
c) Placer ⅓ kop kalkunblanding i midten af hver tortilla. Fold siderne ind og rul sammen for at omslutte fyldet.
d) Varm en stor nonstick-gryde op på medium-høj varme. Spray uden pind madlavningsspray. Brun 4 chimichangas på begge sider. Gentag med yderligere madlavningsspray og resterende chimichangas. Server med resterende creme fraiche og salsa.

5.Svinekød chimichangas

Giver: 3 portioner

INGREDIENSER:
- 2½ kop Kværnet hakket kogt svinekød
- ⅔ kop Picante sauce
- ⅓ kop grønne løg skiver
- 1 tsk stødt spidskommen
- ½ tsk knust oregano
- ½ tsk salt
- 8 mel tortillas, 7 til 8 tommer
- ¼ kop Margarine, smeltet
- 1 kop cheddarost, revet

INSTRUKTIONER:
a) Kom svinekød, picantesauce, løg, spidskommen, oregano og salt i en gryde. Lad det simre i 5 minutter, eller indtil det meste af væsken er fordampet. Pensl den ene side af tortillas med smør.
b) Hæld ca. ⅓ kop svinekødsblanding på midten af de smurte sider.
c) Top med 2 spsk ost. Fold 2 sider over fyldet og fold enderne ned.
d) Læg sømsiden nedad i en 9x13 tommer bageform. Bages ved 475 grader i cirka 13 minutter eller indtil de er sprøde. Top med guacamole og yderligere picante sauce til servering.

6.Søde hominy chimichangas med frugtpuréer

Giver: 6 portioner

INGREDIENSER:
- 2 kopper White hominy (ca. en 29 ounce dåse); drænet
- 4 teskefulde konditorsukker
- 2 spsk Tung (piske) fløde
- 1 pint modne jordbær; afskallet (1 kurv)
- 2 modne mangoer
- 4 spsk Smør
- 2 spsk mørk brun farin
- 6 mel tortillas

INSTRUKTIONER:
a) Purér hominyen i en foodprocessor, blender eller madmølle.
b) Rør konditorernes sukker og fløde i. Placer omkring ⅓ kop af hominyblandingen i midten af en meltortilla. Fold konvolut stil.
c) Vask foodprocessoren eller anden maskine og purér jordbærrene. Rengør maskinen igen.
d) Skræl mangoerne; fjern frugtkødet fra gruberne. Purér frugtkødet.
e) Når du er klar til servering, smeltes 2 spsk af smørret med 1 spsk brun farin i en stor stegepande sat over medium varme.
f) Opvarm indtil smørret skummer og sukkeret smelter under omrøring. Tilsæt 2 eller 3 af de fyldte tortillas, afhængig af pandens størrelse, og steg i 1 minut. Vend og steg på den anden side, indtil de er gyldne og let sprøde, cirka 1 minut mere. Fjern til et fad.
g) Opvarm de resterende 2 spsk smør og 1 spsk brun farin.
h) Fortsæt med at lave mad, indtil alle chimichangas er færdige.
i) Hæld jordbærpuré over den ene ende af hver chimichanga; ske mangopuré over den anden. Spis mens den stadig er varm og sprød.

GYROER OG SHAWARMA

7.Vegansk shawarma

INGREDIENSER:
- 1/3 kop (55 g) kikærter på dåse
- 2 spiseskefulde næringsgær
- Krydderier
- 1 spsk sojasovs
- 1/4 kop (65 g) tomatpasta
- 1/3 kop (80 ml) grøntsagsfond
- 1 tsk dijonsennep
- 1/8 tsk flydende røg
- 1 kop (150 g) Vital Wheat Gluten
- Marinade
- 6 Wraps
- Strimlet salat

INSTRUKTIONER:

a) Tilsæt kikærter, næringsgær, krydderier, sojasovs, tomatpure, paprika, grøntsagsfond, dijonsennep og flydende røg til foodprocessoren og kør indtil godt blandet.

b) Tilsæt det livsvigtige hvedegluten. Flad den ud på en arbejdsflade og dup den ned i form af en stor bøf. Damp

c) Bland marinaden og hæld den over seitan-strimlerne. Steg seitanen i marinaden,

d) Fordel lidt krydret hummus til et pitabrød eller wrap. Tilsæt revet salat og skåret agurk og tomat i en wrap, top med et par seitan-strimler og afslut med en klat vegansk tzatziki.

8. Kylling Shawarma

Gør: 4

INGREDIENSER:
- 1 pund udbenet skindfri kyllingebryst, i tern
- ¼ kop fedtfri græsk yoghurt
- 2 spsk olivenolie
- 1 tsk tørret oregano
- 1 tsk stødt spidskommen
- 1 tsk stødt kanel
- 1 tsk salt
- ¼ teskefuld stødt gurkemeje
- ¼ tsk sort peber
- Ris, til servering (valgfrit)
- Græsk salat, til servering (valgfrit)
- Tzatziki sauce, til servering (valgfrit)

INSTRUKTIONER:
a) Forvarm airfryeren til 380°F.
b) I en stor skål kombineres alle ingredienser og blandes sammen, indtil kyllingen er godt dækket.
c) Fordel kyllingeblandingen i et jævnt lag i airfryer-kurven, og steg derefter i 10 minutter. Rør kyllingeblandingen og kog i yderligere 5 minutter.
d) Server med ris, en græsk salat og tzatziki sauce.

9.Shawarma Ghanam (Libanon)

INGREDIENSER:

- 1-3/4 pund lam fra skulderen, skåret i tynde skiver (ca. 3 kopper)
- 2 mellemstore løg, skåret i tynde skiver
- Saft af 1 citron, eller efter smag
- 4 spiseskefulde ekstra jomfru olivenolie
- 1/2 tsk stødt kanel
- 1/2 tsk stødt allehånde
- Få kviste frisk timian, blade
- Salt
- Friskkværnet sort peber
- 2-4 spsk olivenolie, til sautering

TIL SANDWICHENE

- 2-3 runde pitabrød med en diameter på ca. 8 tommer eller 4-6 ovale
- 4-6 små tomater i tynde skiver
- 1/2 mellemstort rødløg, meget tynde skiver
- 4-6 cornichoner, skåret i tynde skiver på langs
- 1/2 tsk finthakket mynte
- 1/2 tsk finthakket fladbladet persille
- Tahinisauce efter smag

INSTRUKTIONER:

a) Kom kødet i en stor røreskål, tilsæt løg, citronsaft, olivenolie, krydderier, timian, salt og peber. Bland godt og lad derefter marinere i køleskabet i to til fire timer under omrøring af og til.

b) Stil en stor stegepande over medium-høj varme. Når det er meget varmt, tilsæt kødet og sauter i et par minutter eller indtil det er færdigt efter din smag.

c) Hvis du bruger runde pitabrød, skal du rive dem op i sømmene for at få fire til seks separate cirkler. Anret lige store mængder kød i midten af hvert brød.

d) Pynt med lige store mængder tomat, løg, cornichoner og krydderurter og dryp så meget tahinisauce på, som du vil. Rul hver sandwich ret stramt. Pak den nederste halvdel af sandwichene ind med en papirserviet og server med det samme.

e) Hvis du bruger ovale pitabrød, skal du åbne ved sømmen for at skabe en stor lomme. Smør den nederste halvdel med tahinisauce og fyld hvert brød med lige store mængder sandwich-ingredienser. Server straks.

10.Hannukah Lamb shawarma

Gør: 8

INGREDIENSER:
- 2 tsk sorte peberkorn
- 5 hele nelliker
- ½ tsk kardemomme bælg
- ¼ tsk bukkehornsfrø
- 1 tsk fennikelfrø
- 1 spsk spidskommen frø
- 1 stjerneanis
- ½ kanelstang
- ½ hel muskatnød, revet
- ¼ tsk malet ingefær
- 1 spsk sød paprika
- 1 spsk sumac
- 2½ tsk Maldon havsalt
- 1 oz / 25 g frisk ingefær, revet
- 3 fed hvidløg, knust
- ⅔ kop / 40 g hakket koriander, stilke og blade
- ¼ kop / 60 ml friskpresset citronsaft
- ½ kop / 120 ml jordnøddeolie
- 1 udbenet lammelår, ca. 5½ til 6½ lb / 2,5 til 3 kg
- 1 kop / 240 ml kogende vand

INSTRUKTIONER:
a) Kom de første 8 ingredienser i en støbejernspande og tørsteg ved medium-høj varme i et minut eller to, indtil krydderierne begynder at poppe og frigive deres aromaer.
b) Pas på ikke at brænde dem. Tilsæt muskatnød, ingefær og paprika, vend i et par sekunder mere, bare for at opvarme dem, og overfør derefter til en krydderikværn. Forarbe krydderierne til et ensartet pulver. Overfør til en mellemstor skål og rør alle de resterende ingredienser i, undtagen lammet.
c) Brug en lille, skarp kniv til at skære lammelåret et par steder, og lav slidser på 1,5 cm dybe gennem fedtet og kødet, så marinaden kan sive ind.
d) Læg i en stor bradepande og gnid marinaden over hele lammet; brug hænderne til at massere kødet godt. Dæk gryden til med aluminiumsfolie og lad den stå i mindst et par timer eller helst på køl natten over.
e) Forvarm ovnen til 325°F / 170°C.

f) Sæt lammet i ovnen med den fede side opad og steg i i alt cirka 4½ time, til kødet er helt mørt. Efter 30 minutters stegning, tilsæt det kogende vand til gryden og brug denne væske til at dryppe kødet hver time eller deromkring. Tilsæt mere vand efter behov, og sørg for, at der altid er omkring 0,5 cm i bunden af gryden. De sidste 3 timer skal du dække lammet med folie for at undgå, at krydderierne brænder på. Når det er færdigt, tag lammet ud af ovnen og lad det hvile i 10 minutter før udskæring og servering.

g) Den bedste måde at servere dette på er efter vores mening inspireret af Israels mest berømte shakshuka spisested (SE OPSKRIFT), Dr. Shakshuka, i Jaffa, ejet af Bino Gabso. Tag seks individuelle pita-lommer og pensl dem rigeligt indeni med et smørepålæg ved at blande ⅔ kop / 120 g hakkede dåsetomater, 2 teskefulde / 20 g harissa-pasta, 4 teskefulde / 20 g tomatpasta, 1 spsk olivenolie og lidt salt og peber. Når lammet er færdigt, varmes pitaerne i en varm rillet stegepande, indtil de får pæne forkulningsmærker på begge sider. Skær det varme lam i skiver, og skær skiverne i ⅔-tommer / 1,5 cm strimler. Hæld dem højt over hver varm pita, hæld lidt af stegevæsken fra panden over, reduceret, og afslut med hakket løg, hakket persille og et drys sumac. Og glem ikke den friske agurk og tomat. Det er en himmelsk ret.

11.Græsk Tyrkiet Frikadeller Gyros

Gør: 4

INGREDIENSER:
TIL TYRKIET FRIKADDELLE:
- 1 pund malet kalkun
- ¼ kop brødkrummer
- ¼ kop finthakket løg
- 2 fed hvidløg, hakket
- 2 spsk hakket frisk persille
- 1 spsk hakket frisk dild
- 1 tsk stødt spidskommen
- ½ tsk tørret oregano
- ½ tsk salt med lavt natriumindhold
- ¼ tsk sort peber

TIL TZATZIKISAUSEN:
- 1 kop græsk yoghurt
- ½ agurk, revet og presset for at fjerne overskydende fugt
- 1 fed hvidløg, hakket
- 1 spsk citronsaft
- 1 spsk hakket frisk dild
- Natriumfattig salt og peber efter smag

TIL GYROER:
- 4 pitabrød
- Skivede tomater
- Skåret agurker
- Rødløg i skiver
- Smuldret fetaost
- Frisk persille, til pynt

INSTRUKTIONER:
a) Forvarm ovnen til 400°F (200°C) og beklæd en bageplade med bagepapir.
b) I en stor skål kombineres alle ingredienserne til kalkunfrikadellerne. Bland godt, indtil alle ingredienser er ensartet indarbejdet.
c) Form blandingen til små frikadeller, cirka 1 tomme i diameter, og læg dem på den forberedte bageplade.
d) Bag frikadellerne i den forvarmede ovn i cirka 15-20 minutter, eller indtil de er gennemstegte og let brunede.
e) Mens frikadellerne bager, tilberedes tzatziki-saucen. I en skål kombineres græsk yoghurt, revet agurk, hakket hvidløg, citronsaft, hakket dild, salt og peber. Rør godt sammen.
f) Lun pitabrødet i en brødrister eller ovn.
g) For at samle gyros, fordel en skefuld tzatziki sauce på hvert pitabrød. Læg et par frikadeller ovenpå, efterfulgt af skivede tomater, agurker, rødløg, smuldret fetaost og et drys frisk persille.
h) Rul pitabrødet stramt sammen, og omslut fyldet.
i) Server de græske tyrkiet kødbollegyros med det samme og nyd!

12.Lammegyros

Gør: 6 eller 7

INGREDIENSER:
- 2 lb magert lam
- 2 skiver hjemmebagt brød, ristet og knust
- 1 tsk allehånde, stødt (kværnet)
- 1 tsk koriander, stødt
- 1 fed hvidløg, knust
- 1 løg, revet
- 1 tsk frisk krydret, hakket
- Salt og friskkværnet peber (efter smag)
- 3 skiver bacon
- 6 til 8 mellemøstlige brød, eller ethvert erstatningsbrød eller rulle
- 2 tomater, hakket eller skåret i tynde skiver og krydret med eddike og olivenolie
- 1 kop frisk persille, hakket
- 1 kop almindelig yoghurt

INSTRUKTIONER:
a) I en stor skål kombineres ovenstående ingredienser op til og med salt og peber, og æltes grundigt. Blandingen skal være krydret, men ikke for urteagtig, og holde formen. Del i 5 sektioner, hver på størrelse med en navleappelsin, og del derefter hver sektion i 6 kugler. Ælt og flad lidt til en tykkelse på omkring 3/4 tomme.
b) Skær baconskiverne i bredder svarende til frikadellerne og læg en skive på hver. Fortsæt med at forme kuglerne, og hold baconskiverne imellem dem. Skub et stokspyd gennem centrene og rul forsigtigt med håndfladerne for at glatte kanterne (du skal bruge 5 eller 6 spyd i alt, afhængigt af deres størrelse). Dæk til og stil på køl natten over.
c) For at tilberede skal du stille på en slagtekyllingbakke eller grille og tilberede over/under moderat varme, vend hvert 5. minut. Overfladen vil være sprød og indersiden kogt inden for 25 minutter.
d) Til servering skal du lægge pitta, kød, tomater, persille og yoghurt i separate retter. Lad gæsterne åbne brødet eller rundstykkerne og fylde dem med kød og pynt efter deres smag.

13. Portabella Svampegyro

Giver: 2 portioner

INGREDIENSER:

GRØNTSAGER
- 2 store portabella svampehatte
- 2 spsk vegansk Worcestershire sauce
- 1 tsk stødt spidskommen
- 1 tsk ahornsirup
- ½ tsk tørret oregano
- 1 spsk kokosolie
- ¼ kop rødløg i tern
- ½ rød peberfrugt i store tern

FRISK HVID Sauce
- ½ kop vegansk mayonnaise
- ¼ kop rå afskallede hampefrø
- 1 spsk citronsaft
- ¼ tsk tørret mynte
- ¼ tsk dildukrudt

AT SAMLE
- 2 pitabrød
- 1 ounce babyspinat

INSTRUKTIONER:

GRØNTSAGER

a)   Fjern stilkene fra svampene og fjern også gællerne med en ske. Kassér. Skær svampene i tykke strimler.

b)   Bland Worcestershire-sauce, spidskommen, ahornsirup og oregano i en mellemstor skål. Læg svampeskiverne i marinaden og lad marinere i 10 minutter.

c)   Varm olien op i en stor gryde ved middelhøj varme. Tilsæt løg og peberfrugt og svits i 10 minutter. Tilsæt de marinerede svampeskiver og svits i 5 minutter mere. Fjern fra varmen og lad afkøle.

FRISK HVID Sauce

d)   Bland alle ingredienserne til den friske hvide sauce i en lille skål og stil til side.

MONTAGE

e)   Læg et lag spinatblade på hvert fladbrød. Hæld den friske hvide sauce ned i midten.

f)   Læg svampe- og peberblandingen ovenpå.

g)   Fold hvert fladbrød for at overlappe og fastgør det med dekorative hakker.

1. Sous Vide Beef Gyros

Gør: 4

INGREDIENSER:
- 1 pund mørbradbøf
- 2 spsk olivenolie
- 2 spsk yoghurt
- 1 agurk, skåret i skiver
- 2 spsk citronsaft
- 2 spsk salt
- 2 spsk sort peber
- 4 store pitabrød

INSTRUKTIONER:
a) Indstil din Anova til 130F/54C.
b) Gnid oksekødet med salt og peber og læg i en vakuumforseglet pose med olivenolien. Luk posen og læg den i vandbadet i 3 timer.
c) Mens oksekødet koger, kombinerer du yoghurt, agurk og citronsaft.
d) Når oksekødet er færdigstegt, tages det ud af posen og skæres mod kornet.
e) Læg 1/4 af oksekødet på hvert pitabrød og top med yoghurtsaucen. Pakk ind og server med det samme.

14.Vaflet Gyro med Tzatziki Sauce

Gør: 4

INGREDIENSER
TZATZIKISAUCE:
- 2 fed hvidløg, finthakket
- 16 ounce almindelig græsk yoghurt
- 1 mellemstor agurk, skrællet, udsået og hakket fint
- 1 spsk ekstra jomfru olivenolie
- 2 tsk hvid eddike
- Knip kosher salt

GYROER:
- 1 spsk tørret persille
- 1 tsk chilipulver
- 1 tsk stødt koriander
- 1 tsk stødt spidskommen
- 1 tsk tørret oregano
- 1 tsk tørret timian
- ½ tsk paprika
- ½ tsk hvidløgspulver
- ½ tsk stødt kanel
- ½ tsk salt
- 1 pund magert lam
- Nonstick madlavningsspray
- 4 pitabrødslommer
- 1 mellemstor tomat, skåret i tern
- 1 mellemstort løg, skåret i tynde skiver

INSTRUKTIONER:
LAVE SAVSEN:
a) I en mellemstor skål kombineres halvdelen af hvidløget med de resterende ingredienser og røres godt. Smag til og tilsæt mere hvidløg, hvis det ønskes. Stil saucen på køl i mindst 30 minutter, mens du forbereder gyros.
b) Forvarm vaffeljernet på medium.
LAVE GYROER:
c) Kombiner persille, chilipulver, koriander, spidskommen, oregano, timian, paprika, hvidløgspulver, kanel og salt i en stor skål, og tilsæt derefter kødet til krydderiblandingen. Bland godt for at fordele krydderierne jævnt.
d) Form det krydrede lam til 4 bøffer. Beklæd begge sider af vaffeljernsgitteret med nonstick-spray.
e) Læg en patty på vaffeljernet, luk låget, og kog indtil der ikke er spor af pink tilbage, 4 minutter. Hvis du bruger et termometer med øjeblikkelig aflæsning, bør lammets indre temperatur nå 160 °F. Gentag for de resterende bøffer.
f) Når alle lammebøfferne er færdigstegte, varmes pitabrødet i 15 sekunder i vaffeljernet.
g) Fyld det opvarmede pitabrød med lam, tomat, løg og tzatziki-sauce. Server med mere sauce ved siden af.

15.Gyros Caprese

Gør: 12

INGREDIENSER:
- 4 runde pitabrød
- 1 spsk olivenolie
- 1/4 tsk italiensk krydderi
- 1/4 kop revet parmesanost
- 8 oz. mozzarella ost
- 2 store blommetomater
- 1/2 kop basilikum, hakket
- 1/4 kop ristede valnødder, hakket
- 1 fed hvidløg, presset
- 1/4 tsk salt
- 2 spsk let balsamico vinaigrette salatdressing
- 4 kopper babygrønt

INSTRUKTIONER:
a) Indstil din ovn til 425 grader F, før du gør noget andet.
b) Smør pitabrødene jævnt med olie og top med det italienske krydderi efterfulgt af parmesanosten.
c) Bag i ovnen i cirka 8-10 minutter.
d) I mellemtiden, til pestoen: Tilsæt basilikum, hvidløg, valnødder og salt i en skål og bland, indtil det er godt blandet.
e) Tag pitabrødene ud af ovnen og anbring dem på tallerkener med ostesiden nedad.
f) Læg dressingen jævnt på bagsiden af hver pita-runde.
g) Skær hver runde i 6 lige store skiver.
h) Anret 12 pitabletter på et fad.
i) Top hver pitabylde med lidt grønt, 1 mozzarellaskive, pesto og 1 tomatskive.
j) Dæk hver kile med de resterende kiler, ostesiden opad.
k) Fastgør hver sandwich med tandstikkerne og nyd.

RISPAPIRSRULLER

16. Regnbueruller med Tofu-peanutsauce

Gør: 4

INGREDIENSER:
- 12 runde 22 cm rispapir
- 2 avocadoer, skåret i tynde skiver
- 24 friske korianderkviste
- 24 store friske mynteblade
- 300 g rødkål, fintrevet
- 2 store gulerødder, skåret i tændstik
- 2 libanesiske agurker, uden kerner, skåret i tændstik
- 100 g bønnespirer, trimmet
- 3 grønne skalotteløg, skåret i tynde skiver

TOFU PEANUTSAUCE:
- 150 g Coles Nature's Kitchen Silken Tofu
- 70 g (¼ kop) naturligt glat jordnøddesmør
- 2 spsk risvinseddike
- 1 spsk Shiro misopasta (hvid misopasta)
- 3 tsk honning
- 3 tsk fintrevet frisk ingefær
- 2 tsk tamari
- 1 lille fed hvidløg, knust

INSTRUKTIONER:
TOFU PEANUTSAUCE:
a) Kom alle ingredienserne til tofusauce i en blender og blend til en jævn masse. Sæt til side.

SAMLING AF RAINBOW RISPAPIRSRULLER:
b) Dyp et rispapir i koldt vand i 10-20 sekunder, eller indtil det begynder at blive blødt. Dræn det på et rent viskestykke og læg det på en arbejdsflade.
c) Top rispapirindpakningen med 2 avocadoskiver, 2 korianderkviste, 2 mynteblade, en portion rødkål, gulerod, agurk, bønnespirer og skalotteløg.
d) Fold enderne af rispapiret ind og rul det fast sammen for at omslutte fyldet.
e) Gentag denne proces med de resterende indpakninger.
f) Servér regnbue-rispapirrullerne med tofu-peanut-sauce ved siden af til dypning.

17. Tunforårsruller med lime og soja

Giver: 1 portion

INGREDIENSER:
- 1 pund sashimi-grade tun
- 1 spsk wasabipasta
- 2 spsk korianderblade
- 2 spsk hakket persille
- 8 forårsrullepapir
- Olie til friturestegning
- 2 spsk limesaft
- 2 spsk sojasovs

INSTRUKTIONER:
a) Begynd med at forberede tunen. Skær den i stykker, der er cirka 2 cm brede og 10 cm lange.
b) Fordel hvert stykke tun let med et tyndt lag wasabipasta.
c) Rul tunstykkerne i en blanding af korianderblade og hakket persille, og sørg for, at de er jævnt belagt.
d) Tag hvert stykke tilberedt tun og pak det ind i en forårsrulleindpakning. Brug lidt vand til at forsegle enderne af indpakningen, og sørg for, at de er tæt lukket.
e) I en dyb stegepande eller gryde opvarmes olie til friturestegning.
f) Friturestegn tunforårsrullerne forsigtigt i den varme olie i cirka 30 til 45 sekunder, eller indtil de bliver let gyldne og sprøde.
g) Fjern forårsrullerne fra olien og læg dem på absorberende papir for at dræne overskydende olie.
h) I en lille skål kombineres limesaften og sojasovsen for at skabe en dipsauce.
i) Server tun-forårsrullerne med lime- og soja-dipsauce sammen med en asiatisk grøn salat.
j) Nyd dine lækre tunforårsruller med lime og soja!

18. Lakserulle med kinesisk sort bønnesauce

Giver: 4 portioner

INGREDIENSER:
KINESISK SORT BØNNESAUCE:
- 2 spsk rapsolie
- 1 løg, finthakket
- 2 tsk finthakket hvidløg
- 1 spsk skrællet, finthakket frisk ingefær
- 1 kop sherry
- 1 dåse tomater i tern (28 ounce)
- 1 spsk fiskesauce eller tamari
- ½ kop kinesisk fermenterede sorte bønner, skyllet
- 3 spsk blandede hakkede krydderurter
- Salt, efter smag
- Friskkværnet sort peber efter smag

LAKS:
- 4 laksefileter (6 ounce hver), flået
- Salt, efter smag
- Friskkværnet sort peber efter smag
- 4 cirkulære rispapirark (8" eller 10" diameter, tilgængelig på asiatiske specialmarkeder)
- 4 kviste frisk koriander
- 1 spsk rapsolie

DAMPET BABY BOK CHOY OG TAT SOI:
- 4 hoveder baby bok choy
- ½ pund tat soi eller spinat, vasket og opstammet
- 1 tsk sesamolie
- Salt, efter smag
- Friskkværnet sort peber efter smag

INSTRUKTIONER:
KINESISK SORT BØNNESAUCE:
a) Varm rapsolien op i en mellemstor gryde.
b) Svits de finthakkede løg, hvidløg og ingefær i 3 til 5 minutter.
c) Tilsæt sherryen og reducer med en tredjedel.
d) Rør de hakkede tomater i og lad det simre i 2 minutter.
e) Tilsæt fiskesauce (eller tamari), skyllede sorte bønner og blandede krydderurter. Smag til og juster krydderier med salt og friskkværnet sort peber.

LAKS I RISEPAPIR:
f) Krydr laksefileterne med salt og friskkværnet sort peber.
g) Dyp rispapiret i en skål med varmt vand. Fjern dem fra vandet og læg dem på en flad overflade. Vent 1 til 2 minutter, indtil arkene absorberer vandet.
h) Flyt det første ark rispapir til midten af din arbejdsflade. Læg et par korianderblade i midten af rispapiret.
i) Læg en laksefilet med oversiden nedad i midten, dæk korianderbladene.
j) Fold de fire sider af rispapirarket op for at danne en pakke. Vend pakken og opbevar den under et knapt fugtet håndklæde, mens du forbereder de resterende tre fileter.
k) Varm rapsolien op i en sauterpande. Svits de øverste sider af laksepakkerne i 2 til 3 minutter, indtil rispapiret bliver gennemsigtigt.
l) Vend pakkerne og færdiggør tilberedningen på komfuret eller i en 350°F (175°C) ovn i 5 til 8 minutter, afhængigt af din ønskede færdighed.

DAMPET BABY BOK CHOY OG TAT SOI:
m) Blancher baby bok choy og tat soi (eller spinat) i kogende vand. Dræn og vend med sesamolie, salt og friskkværnet sort peber.

MONTAGE:
n) Hæld den kinesiske sorte bønnesauce på hver af de 4 store middagstallerkener, og vip tallerkenen for at fordele saucen jævnt.
o) Læg laksepakken lidt væk fra midten på hver tallerken.
p) Tilføj 1 hoved baby bok choy og noget af tat soi (eller spinat).
q) Server straks og nyd din laks pakket ind i rispapir med kinesisk sort bønnesauce!

19.Ruller af rispapir med rejer

Gør: 24 ruller

INGREDIENSER:
- 50 g vermicelli risnudler
- 24 små rispapirark
- ½ kop korianderblade
- ½ kop mynteblade
- 500 g kogte rejer, pillede, afveget, halveret på langs
- 2 libanesiske agurker, frøet, skåret i lange tændstik
- 2 røde radiser, skåret i tynde skiver
- ½ kop (125 ml) sød chilisauce

TIL SYLTET GULEROD:
- 2 gulerødder, skrællede, skåret i tændstik
- ¼ kop (60 ml) risvinseddike
- 1 spsk rørsukker
- 1 tsk salt
- 1 rød birdseye chili, frøet, finthakket (valgfrit)
- 1 tsk fintrevet ingefær

INSTRUKTIONER:

a) For at lave den syltede gulerod skal du kombinere gulerod, eddike, sukker, salt, chili (hvis du bruger), ingefær og 1 spsk vand i en lille skål. Dæk til og stil på køl i 1 time for at forbedre smagen, og dræn derefter.

b) Læg risnudlerne i en varmefast skål, dæk dem med kogende vand, og lad dem trække i 2 minutter. Frisk dem op under koldt vand og dræn godt af. Hak nudlerne groft med en køkkensaks.

c) Fyld et lavt fad med varmt vand. Dyp et ark rispapir i vandet, dræn det derefter og læg det på et rent bord. Arket vil fortsætte med at blive blødt, mens det står.

d) På den blødgjorte rispapirsplade arrangeres 2 korianderblade og 2 mynteblade hen over den nederste tredjedel af arket. Top med 2 rejehalvdele og en del af nudlerne, agurk, radise og syltede gulerod.

e) Fold kanten af rispapirarket over fyldet, fold derefter siderne ind og rul sammen for at omslutte. Læg den færdige rulle på en bakke. Gentag denne proces med de resterende rispapirark, koriander, mynte, rejehalvdele, nudler, agurk, radise og syltede gulerødder. Hold rullerne lidt fra hinanden på bakken for at forhindre at de klæber.

f) Server minirejer-rispapirrullerne med sød chilisauce til dypning.

g) Nyd disse friske og lækre mini-rejer-rispapirruller som en velsmagende og sund forret ved din næste sammenkomst.

20. Sashimi grøntsagsruller

Gør: 8 ruller

INGREDIENSER:
- 1 gulerod, skrællet, groft revet
- 1 lille rød paprika, halveret, fritstillet, skåret i tynde skiver
- 3 grønne skalotteløg, trimmede ender, skåret i tynde skiver diagonalt
- 1 bundt koriander, blade plukket, vasket, tørret, groft hakket
- 8 runde (21 cm i diameter) ark rispapir
- 80 g baby asiatiske grøntsager
- 2 (ca. 400 g) laksefileter, skåret i tynde skiver
- 2 spsk frisk limesaft
- 1 spsk sød chilisauce
- 1 tsk fiskesauce
- Limebåde til servering

INSTRUKTIONER:

FORBERED GRØNTSAGSFYLDET

a) I en stor skål kombineres groft revet gulerod, tyndt skåret rød paprika, tynde skiver grønne skalotteløg og grofthakket koriander. Vend forsigtigt for at kombinere.

SAMLER RISPAPIRsrullerne

b) Læg et ark rispapir i blød i et fad med varmt vand i 45 sekunder, eller indtil det bliver blødt og smidigt. Vær forsigtig med ikke at lægge lagen i blød for længe, da den kan rive.

c) Dræn det blødgjorte rispapirark på et køkkenrulle og overfør det til en ren arbejdsflade.

d) Læg et par asiatiske grøntsager, en del af gulerodsblandingen og nogle lakseskiver langs midten af rispapirarket.

e) Fold enderne af arket ind og rul det stramt op for at omslutte fyldet og danner en cigarform.

f) Skær den rullede plade i halve diagonalt og læg den på et serveringsfad.

g) Gentag processen med de resterende rispapirark, asiatiske grøntsager, gulerodsblanding og laks.

FORBERED DIPPESAUSEN

h) Kombiner den friske limesaft, sød chilisauce og fiskesauce i en lille serveringsskål.

TJENE

i) Server Sashimi-grøntsagsrispapirrullerne med det samme med dipsauce og limebåde.

21.Røget kylling rispapir ruller

Giver: 8 portioner

INGREDIENSER:
- 2 kopper fintrevet grønkål
- 1 kop fint-julienerede gulerødder
- 1 kop fint julieneret rød peberfrugt
- 6 spidskål, revet på langs
- Krydret Chile oliedressing
- 8 Otte-tommer runde rispapirer
- 2 kogte røgede kyllingebryst (8-10 oz), skåret i tynde skiver
- 2 tsk ristede sesamfrø
- 3 spsk hakket koriander
- 1 spsk hakket frisk mynte (valgfrit)

INSTRUKTIONER:
a) I en skål kombineres fintrevet grønkål, juliennedskårne gulerødder, julienhåret rød peberfrugt og julienhåret spidskål med den krydrede chile-oliedressing. Lad denne blanding marinere i mindst 30 minutter.
b) Dyp et rispapir i en skål med lunkent vand, og sørg for, at det er vådt grundigt. Læg det våde rispapir på et rent viskestykke og lad det blive blødt til det bliver smidigt, hvilket skal tage cirka 30 sekunder.
c) Mål ca. ⅓ kop af den marinerede grøntsagsblanding op, og pres den forsigtigt for at fjerne overskydende væske.
d) Læg de marinerede grøntsager på den nederste tredjedel af rispapiret og top dem med nogle skiver røget kylling.
e) Drys ristede sesamfrø, hakket koriander og hakket frisk mynte (hvis du bruger) over grøntsagerne og kyllingen.
f) Træk forsigtigt den nederste kant af rispapiret op over fyldet, fold derefter siderne ind, og rul stramt for at skabe rispapirsrullen.
g) Gentag rulningsprocessen med de resterende rispapirer.
h) Server de røgede kylling rispapir ruller med det samme til en frisk og smagfuld forret eller snack.
i) Nyd dine røget kyllingrispapirruller med den krydrede chileoliedressing!

22.Kylling sommerruller

Gør: 6 ruller eller 3 til 4 portioner

INGREDIENSER:
- ¼ kop riseddike plus 1 til 2 spsk
- 4 tsk sukker, delt
- 2 kopper revet, kogt kylling
- 1 mellemstor gulerod, revet
- Kosher salt
- 12 (8 ½-tommer) rispapirindpakninger
- Omkring 12 Boston salatblade
- ⅓ Engelsk agurk eller 1 Kirby-agurk, skrællet, julieneret
- 4 spidskål (hvide og grønne dele), finthakket
- ½ kop friske mynteblade, basilikum eller koriander
- ½ kop kogte brune eller hvide ris
- ½ kop tyk jordnøddesmør
- 2 spsk sojasovs

INSTRUKTIONER:

a) I en mellemstor skål piskes ¼ kop riseddike med 2 teskefulde sukker, indtil sukkeret er opløst. Tilsæt den strimlede kylling og gulerod, smag til med salt og stil til side.

b) Fyld en stor skål med varmt vand. Arbejd med 2 ark rispapir ad gangen (hold de andre dækket med en knap fugtig klud for at forhindre krølning). Nedsænk papirerne i det varme vand, indtil de er lidt bløde (ca. 15 sekunder). Fjern og spred dem ud på en ren overflade eller et skærebræt. Dup dem tørre med et håndklæde for at fjerne overskydende vand.

c) Læg 2 stykker salat over den nederste tredjedel af rispapiret, efterlad ca. ½ tomme klar på kanterne. Placer omkring ⅓ kop af kylling-og-gulerodsblandingen på salaten, top med 4 til 5 stykker agurk og spidskål, flere mynteblade og omkring 1 dynger spiseskefuld ris.

d) Rul rispapiret halvt sammen til en cylinder. Fold begge kanter ind for at stikke, mens du fortsætter med at rulle papiret for at forsegle. Læg rullerne på en tallerken dækket med et fugtigt håndklæde for at holde dem fugtige, mens du forbereder de resterende ruller. Skær rullerne i halve.

e) I en mellemstor skål piskes jordnøddesmør, sojasovs, 3 spsk vand og de resterende 1 til 2 spsk riseddike og 2 teskefulde sukker sammen, indtil det er glat.

f) Server rullerne med dipsaucen med det samme. Nyd dine kyllingesommerruller!

23.Mango kylling rispapir ruller

Giver: 2 portioner

INGREDIENSER:
I PARENTES.
RISPAPIRSRULLER:
- 500 g kyllingebryst
- 1 mango
- 1 gulerod
- 10 romainesalatblade
- 10 ark rispapir
- 120 g vermicelli (2 portioner)
- 1 bundt koriander (koriander)
- ½ spsk olivenolie
- Et drys salt
- Et drys peber

DIPPESAUCE:
- 6 spsk vand
- 15 dråber stevia
- 1,5 spsk limesaft
- 2 spsk fiskesauce

INSTRUKTIONER:
FORBERED INGREDIENSERNE:
a) Lav dipsaucen ved at kombinere alle dipsauceingredienserne i en skål. Læg det til side.
b) Vask og tør salatblade og koriander (koriander).
c) Riv guleroden.
d) Skær mangoen i strimler.
e) Kog vermicelli efter anvisning på pakken, afdryp og lad den køle af.
f) Opvarm olivenolien i en slip-let pande ved middel varme. Steg kyllingen i 5-7 minutter på hver side eller indtil den er gennemstegt. Smag til med salt og peber efter smag. Lad det køle lidt af, og skær det derefter i strimler.

SAMLER RULLERNE:
g) Fyld en tallerken eller en lav skål med varmt vand. Tag et ark rispapir og sænk det i vandet i 2-3 sekunder for at blødgøre det.
h) Læg på rispapiret koriander (koriander), kylling, salat, gulerod, mango og vermicelli.
i) Fold venstre og højre side af rispapiret ind, og rul derefter fast fra bunden og opad for at forsegle rullen.
j) Gentag med de resterende ark rispapir.
k) Server straks rispapirsrullerne med dipsaucen.
l) Nyd dine Mango kylling rispapir ruller.

24.Hoisin Tyrkiet Rispapir ruller

Giver 12 ruller

INGREDIENSER:
- 375 gram (12 ounce) hakket (malet) kalkun
- 2 centimeter (¾ tomme) stykke frisk ingefær (10 g), revet
- ⅓ kop (80 ml) hoisinsauce
- ¼ kop (60 ml) sød chilisauce
- 12 x 22 cm (9 tommer) runde rispapir
- 1 libanesisk agurk (130 g), kernet, skåret i tændstikker
- 1 kop (80 g) bønnespirer, trimmet
- 75 gram (2½ ounce) sneærter, trimmet, skåret i tynde skiver
- 12 store friske mynteblade
- 12 kviste af frisk koriander (koriander).

INSTRUKTIONER:
a) Varm en stor stegepande op med olie, tilsæt hakket kalkun og revet ingefær. Kog under omrøring, indtil kalkunen skifter farve. Fjern fra varmen, og rør derefter halvdelen af hoisinsauce og 1 spsk af sød chilisauce i.

b) Dyp et ark rispapir i en mellemstor skål med varmt vand, indtil det knapt bliver blødt.

c) Løft forsigtigt lagen op af vandet og læg den på et bræt dækket med et viskestykke.

d) Fordel en dynget spiseskefuld af kalkunblandingen langs midten af lagen. Top den med nogle agurk-tændstikker, bønnespirer, snittede sneærter, mynteblade og en kvist frisk koriander.

e) Rul rispapiret over fyldet, fold det ind i siderne, og rul det derefter sammen for at omslutte fyldet. Gentag denne proces med det resterende rispapir, kalkunblanding, grøntsager og urter.

f) Kombiner den resterende hoisinsauce og sød chilisauce med cirka 1 spsk vand i en lille skål.

g) Server rullerne med dipsaucen.

25. Malede kalkunruller med jordnøddesauce

Gør: 12 ruller

INGREDIENSER:
TIL FORÅRSRULLER:
- Vegetabilsk olie til madlavning
- 1 pund malet kalkun
- ½ tsk salt
- 2 fed hvidløg, hakket
- 1 tsk hakket ingefær
- 1 tsk sesamolie
- 12 ark rispapir
- Kogte nudler
- Agurk, skåret i tynde skiver
- Gulerod, finhåret
- Kål, i tynde skiver
- Friske korianderblade
- Plastfilm

TIL THAI PEANUTSAUCE:
- ½ kop jordnøddesmør
- 2 spsk sojasovs
- 2 spsk eddike
- 1 spsk hvidløg-chilesauce (tilpas efter smag)
- 2 spsk limesaft
- 2 fed hvidløg, hakket
- 1 tsk revet ingefær
- 3-4 spsk vand (tilsæt efter behov for ønsket konsistens)

INSTRUKTIONER:

a) I en stor stegepande opvarmes vegetabilsk olie over medium-høj varme. Tilsæt malet kalkun, salt, hakket hvidløg og hakket ingefær.

b) Kog indtil kalkunen er let brunet og smuldrende, hvilket tager cirka 10 minutter. Fjern fra varmen og rør sesamolien i.

c) Arbejd med et ark rispapir ad gangen, dyp papiret i en stor skål med varmt vand, indtil det bliver bøjeligt, hvilket bør tage mindre end 1 minut. Overfør det udblødte rispapir til en arbejdsflade.

d) Læg en lille mængde kogte nudler, agurkeskiver, juliennede gulerødder, tyndt skåret kål, friske korianderblade og kalkunblandingen mod bunden af rispapirarket. Fold enderne ind og rul stramt for at omslutte fyldet.

e) Dæk hver rulle med plastfolie for at holde dem adskilt før servering.

f) I en lille skål kombineres jordnøddesmør, sojasovs, eddike, hvidløg-chilesauce, limesaft, hakket hvidløg og revet ingefær.

g) Tilsæt vand, en spiseskefuld ad gangen, indtil du opnår en dyppelig cremet konsistens.

26.Peking And Rispapir ruller

Gør: 4

INGREDIENSER:

TIL RULLERNE:
- 1 pakke 360 g andebryst med Peking-smag

TIL DRESSINGEN:
- ¼ kop finthakket koriander
- ¼ kop finthakkede forårsløg
- 1 rød chili, fint skåret
- 4 cm ingefær, skrællet og skåret i fint tern
- 1 fed hvidløg, fint skåret
- Saft af 1 lime
- 1 spsk fiskesauce
- ¼ kop lys sojasovs
- 3 tsk reserveret dressing fra Peking andebakken

ANDRE INGREDIENSER:
- 10 ark rispapir
- 1 lav skål koldt vand
- ¼ kop friturestegte skalotteløg
- 2 kopper wombokkål, strimlet
- 1 bundt koriander
- 2 forårsløg, fint skåret
- 1 agurk, skåret i tændstik

INSTRUKTIONER:

a) Skær de kogte andebryster i tynde skiver.

b) Bland alle ingredienserne til dressingen i en lille skål, inklusive koriander, forårsløg, rød chili, ingefær, hvidløg, limesaft, fiskesauce og let sojasauce. Tilsæt den reserverede dressing fra Peking andebakken og bland godt.

c) Dyp et ark rispapir i en lav skål med koldt vand. Når den er blødgjort, læg den på et rent bord og drys med friturestegte skalotteløg.

d) I midten af rispapiret lægges skiver af and, revet wombokkål, korianderblade, forårsløg i skiver og agurketændstikker.

e) Rul rispapiret over fyldet, fold siderne ind for at omslutte fyldet og skabe en rulle.

f) Gentag denne proces med de resterende rispapirark og fyldeingredienser.

g) Server Peking And Rice Paper Rolls med den forberedte dressing til dypning.

27. Grillet oksesalat pakket ind i rispapir

Gør: 6 portioner

INGREDIENSER:
- 1 pund udbenet oksekød rund (1 tomme tyk)
- 2 stilke frisk citrongræs
- 2 skalotteløg
- 3 fed hvidløg
- 1 frisk serrano chili
- 1 spsk sukker
- 1 spsk vietnamesisk fiskesauce (nuoc mam)
- 1 spsk asiatisk sesamolie
- 1 spsk sesamfrø
- 2 ounce tørrede rispindnudler
- Kogende vand
- 12 store røde salatblade
- 1 lille engelsk agurk, skrællet og julieneret
- 24 friske mynteblade
- 36 friske korianderblade, hver med lidt stilk
- Nuoc cham dipsauce
- 12 (12-tommer) tørrede rispapircirkler

NUOC CHAM DIPPING Sauce:
- 4 fed hvidløg
- 2 friske chili (gerne serrano)
- 2 spsk sukker
- 6 spsk vietnamesisk fiskesauce (nuoc mam)
- 4 spsk frisk limesaft
- 6 til 8 spsk vand

INSTRUKTIONER:
MARINERING AF OKSEkød:
a) Skær oksekødet i stykker på 4 x ¾ tommer. Skær hvert stykke på tværs af kornet i ¼-tomme tykke strimler.
b) Fjern og kassér de seje yderste blade af citrongræsset. Skær det møre hvide hjerte i 1-tommers længder og kom dem i en foodprocessor med skalotteløg, hvidløg, chili og sukker; forarbejde til en pasta.
c) Overfør pastaen til en skål og bland fiskesauce, sesamolie og sesamfrø i. Tilsæt oksekødsskiverne, bland godt og mariner i mindst 3 timer eller natten over.

FORBEREDELSE AF RISSTÅNUDLER OG TILBEHØR:

d) I en mellemstor skål dækkes rispindnudlerne med kogende vand; lad dem stå i 1 minut, og dræn dem derefter. Arranger rispindsnudler, salat, agurkstrimler, mynte og koriander i separate bunker på et fad, så der er plads til oksekødet. Afkøles.

e) Grillning af oksekød:

f) Lige inden servering forvarmes en grillrist over glødende kul. Grill oksekødsstrimlerne i 30 sekunder på hver side, lige indtil de er pænt svitsede. Alternativt kan du placere oksekødsstrimlerne på den højeste ovnrist under en varm slagtekylling og stege dem på hver side, indtil de er svitset. Anret oksekødet på fadet.

AT LAGE RIPAPIRrullerne:

g) Hav et fad dipsauce og en eller flere brede skåle med varmt vand på bordene. Hver gæst dypper en rispapircirkel i en vandskål og fordeler den straks fladt på en tallerken eller et fugtigt håndklæde. Cirklen vil rehydrere og blive smidig på få sekunder.

h) For at lave en forårsrulle skal du lægge et salatblad på den nederste tredjedel af den fugtede cirkel. Top den med 2 eller 3 skiver oksekød, en stor spiseskefuld nudler, flere strimler agurk og et par blade mynte og koriander.

i) Fold den nærmeste kant af rispapiret over fyldet, rul derefter papiret op omkring fyldet, hold det stramt. Halvvejs, fold den ene ende over for at omslutte fyldet; så fortsæt med at rulle.

j) Dyp den åbne ende af rullen i nuoc cham dipping saucen og spis den med fingrene.

AT LAVE NUOC CHAM DIPPESAUCEN:

k) For at lave dipsaucen skal du male 4 fed hvidløg, 2 friske chili (gerne serrano) og 2 spsk sukker til en pasta i en morter, blender eller mini foodprocessor.

l) Rør 6 spiseskefulde vietnamesisk fiskesauce (nuoc mam), 4 spiseskefulde frisk limejuice og 6 til 8 spiseskefulde vand. Si saucen over i en dyppeskål.

28.Oksekød og Quinoa ruller med tamarind sauce

Gør: 12 ruller

INGREDIENSER:
- 100 g (½ kop) trefarvet quinoa
- 225 ml vand
- 30 g palmesukker, finthakket
- 5 tsk fiskesauce
- 1 spsk tamarindpuré
- 1 lille fed hvidløg, knust
- 2 tsk limesaft
- ¾ tsk frisk ingefær, fint revet
- 400 g oksekød steak
- 2 grønne skalotteløg, skåret i tynde skiver
- 12 ark rispapir, 22 cm i diameter
- 1 lang frisk rød chili, skåret i tynde skiver
- 12 store friske mynteblade
- 150 g bønnespirer
- 12 friske korianderkviste

INSTRUKTIONER:

a) Kom quinoa og 185 ml (¾ kop) vand i en gryde ved middel-lav varme. Bring det i kog og rør af og til.

b) Lad quinoaen simre i 10-12 minutter eller til den er mør. Lad det køle lidt af.

c) Til saucen kombineres palmesukker, fiskesauce, tamarindpuré, knust hvidløg og det resterende vand i en gryde ved middel-lav varme.

d) Rør konstant i 3 minutter, og lad det derefter simre i yderligere 2 minutter, indtil det tykner lidt.

e) Kom saucen over i en skål og tilsæt limesaft og fintrevet ingefær. Lad det køle af.

f) Opvarm en chargrill over medium-høj varme.

g) Sprøjt oksekødssteaken med olivenolie og krydr den.

h) Steg bøffen, vend den, i cirka 4 minutter for medium tilberedningsgrad, eller indtil den når dit foretrukne niveau.

i) Lad det kogte oksekød hvile i 4 minutter, og skær det derefter i tynde skiver.

SAMLER RISPAPIRSrullerne

j) Rør de tynde skiver grønne skalotteløg og 3 tsk af tamarind-dipsaucen i den kogte quinoa.

k) Dyp et ark rispapir i koldt vand i 10 sekunder, eller indtil det begynder at blive blødt, og dræn det derefter på et rent viskestykke.
l) Læg det blødgjorte rispapirsark på en arbejdsflade og tilføj 2 chiliskiver og et mynteblad langs midten.
m) Top med en portion af quinoablandingen, bønnespirer, skiver af grillet oksekød og en korianderkvist.
n) Fold enderne af rispapirarket ind og rul det fast sammen for at omslutte fyldet.
o) Gentag processen med de resterende rispapirark.
p) Server oksekødet og quinoa-rispapirsrullerne med den resterende tamarind-dyppesauce.

29. Citrongræs oksekød rispapir ruller

Gør: 4

INGREDIENSER:
- 125 g ris vermicelli nudler
- ¼ kop (60 ml) fiskesauce
- 1½ spsk brun farin
- 2 fed hvidløg, knust
- 1 lang rød chili, finthakket
- 1 stilk citrongræs, kun blegt snit, forslået, finthakket
- 500 g Coles australsk oksefiletbøf, skåret i 2 cm tykke bøffer
- Olivenolie spray
- 1 stor gulerod, skrællet, skåret i tændstik
- 1 libanesisk agurk, halveret, kernet, skåret i tændstik
- 2 forårsløg, skåret i 5 cm længder
- 1 kop friske mynteblade
- 12 runde (22 cm i diameter) ark af rispapir

TIL DIPPESAUCE:
- 2 spsk fiskesauce
- 1½ spsk brun farin
- 2 spsk limesaft
- ½ lang rød chili, kernet, finthakket

INSTRUKTIONER:
a) Læg ris vermicelli nudlerne i en varmefast skål og dæk dem med kogende vand. Stil til side i 3 minutter for at trække, og dræn derefter godt.
b) I en kande røres fiskesauce, farin, presset hvidløg, finthakket chili og finthakket citrongræs sammen, indtil sukkeret er opløst. Krydr blandingen. Læg oksekødet i et glas- eller keramisk fad, og hæld marinaden over det, vend til belægning.
c) Sprøjt en stor stegepande med olivenolie og varm den op ved middelhøj varme.
d) Dræn oksekødet fra marinaden og steg det i 3 minutter på hver side i medium eller indtil det når det ønskede niveau.
e) Overfør det kogte oksekød til en tallerken, dæk det med folie, og lad det hvile i 5 minutter, før det skæres i tynde skiver.
f) For at lave dipsaucen skal du kombinere fiskesauce, brun farin, limesaft og hakket chili i en kande.

AT SAMLE
g) Sip et ark rispapir i en skål med varmt vand i 30 sekunder for at blødgøre det, og dræn det derefter på køkkenrulle.
h) Overfør det til en tallerken, og arranger mynteblade, gulerod, agurk, forårsløg, nudler og oksekød i skiver langs midten.
i) Fold enderne ind og rul stramt sammen for at omslutte fyldet.
j) Server rispapirsrullerne med dipsaucen.
k) Nyd dine lækre vietnamesiske citrongræsbeef rispapirruller!

30.Oksekød Bulgogi forårsruller

Gør: 6 ruller

INGREDIENSER:
- 6 stykker 22 cm (8,6 tommer) vietnamesisk rispapir
- 200 g supermarked oksekød bulgogi (eller hjemmelavet)
- 50 g revet hvidkål
- 20 g revet rød (lilla) kål
- 20 g koriander (med et par mynte- eller basilikumblade)
- Halv gulerod, fintrevet eller skåret i tændstik
- 75 g salatblanding (eller salat som romaine eller koraller)
- Halv peberfrugt (capsicum), skåret i strimler (tri-farvet for det bedste udseende)
- 6 lange stykker purløg eller forårsløg (spidskål), valgfrit

DIPPESAUCE:
- 4 tsk instant ssamjang sauce (eller hjemmelavet)
- 1 tsk sriracha chilisauce for ekstra varme (tilpas efter smag)
- 2 tsk ponzu sauce
- 1 ½ spsk goma (sesam) salatdressing

INSTRUKTIONER:
a) Kog oksebulgogien i en gryde med en smule olie, og pas på ikke at overkoge den. Del den i 6 portioner og stil til side.
b) Forbered de resterende ingredienser. Hav også en dyb tallerken eller skål med vand klar til at dyppe rispapirsrullerne.
c) Lav dipsaucen ved at kombinere ingredienserne (A) i en lille skål under omrøring, indtil den er jævn. Juster smagen til din præference. Fordel saucen i to små underkopper og drys med ristede sesamfrø.

AT SAMLE:
d) Dyp hurtigt et stykke rispapir i vand, indtil det bliver blødt (ca. 7-10 sekunder).
e) Læg det blødgjorte rispapir på en stor tallerken eller træplade.
f) Vælg en af følgende to rullestile:
g) Grundrulle: Arranger salatblandingen (eller salat) og de øvrige ingredienser (undtagen purløg) i midten af rispapiret. Fold venstre og højre side ind efterfulgt af undersiden. Rul wrap væk fra dig, mens du holder fyldet tæt.
h) Æstetisk rulle: Arranger ingredienserne som vist på billedet. Det øverste oksekødslag vil være forårsrullens "ansigt". Fold i venstre og højre side, efterfulgt af fold den nederste kant opad. Rul wrap væk fra dig, og hold fyldet tæt.
i) Når du når bunden af oksekødet, sætter du en dekorativ purløg eller forårsløg i og lader den stikke ud af forårsrullen. Fortsæt med at rulle den sidste del af wrap. Vend forårsrullen for at afsløre den æstetiske side med oksekødet.
j) Server forårsrullerne med dipsaucen. Hvis du ikke spiser dem med det samme, så pak pladen med forårsruller ind med husholdningsfilm.
k) Rester kan opbevares i køleskabet i en lufttæt beholder i op til 2 dage, hvor hver forårsrulle pakkes ind i husholdningsfilm. God fornøjelse!

31. Satay oksekød rispapir ruller

Gør: 4

INGREDIENSER:
- ½ kontinental agurk, fjernet fra kerner og skåret i tændstik
- 1 rød paprika, skåret i skiver
- 1 rød chili, skåret i skiver
- 1 pakke thaibasilikum
- ½ pose (200 g) coleslaw
- 600 g oksebagbøffer
- 1 pakke rispapirruller
- 1 flaske (150 ml) peanut satay sauce
- Olie (til madlavning)
- Salt
- Peber
- 1 tsk stødt gurkemeje

INSTRUKTIONER:

a) Udskær og skær agurken i tændstik. Skær paprika og chili i skiver. Pluk basilikumbladene. Stil til side med coleslawen.

b) Overtræk oksekødet med 1 tsk gurkemeje, 1 spsk olie, og smag til med salt og peber. Varm en stegepande op over høj varme. Steg bøfferne i 3-4 minutter på hver side, eller indtil de er stegt efter din smag. Tag af panden og skær i tynde skiver.

c) Læg et rent viskestykke og et lavt fad vand på bordet. Læg et ark rispapir i blød i vand i 5 sekunder. Læg det på viskestykket og lad det stå til det er blødt.

d) Læg fyld og oksekød i midten af runden.

e) Fold enderne ind og rul for at pakke dem fast.

f) Gentag med de resterende rispapirark.

g) Hæld sataysaucen i en dyppeskål og løsn den med 1-2 spsk vand. Server med rispapirsrullerne.

BURRITO WRAPS

32.Kylling gedeost burritos

Gør: 4 portioner

INGREDIENSER:
- 1 pund Udbenet/flået kyllingebryst
- 1 tsk stødt spidskommen
- ½ tsk salt og peber
- 4 mel tortillas; reduceret fedtindhold
- 1 dåse (15 oz) sorte bønner
- 1 tsk salatolie
- ½ kop (3 oz) blød gedeost, skåret i små bidder
- 1 kop Til 1 1/2 kop grøn salsa

INSTRUKTIONER:
a) Skær kyllingen i ½" gange 3" strimler. I en skål, dæk jævnt med spidskommen, salt og peber.
b) Forsegl tortillas i folie og varm i en 350F ovn, indtil de er varme, cirka 10 minutter.
c) Placer bønner og deres væske i en 1-liters gryde og kog over middelhøj varme, indtil de bobler, cirka 5 minutter.
d) I en 10-12" nonstick stegepande over middelhøj varme, rør hyppigt kylling og olie, indtil kødet ikke længere er lyserødt i midten, cirka 6 minutter.
e) Læg tortillas fladt. Mod 1 kant af hver, fyld lige meget med kylling, bønner (inklusive det meste af væsken), ost og ½ c salsa.
f) Fold siderne om og rul stramt sammen for at omslutte.
g) Tilsæt mere salsa efter smag.

33.Kylling ris burritos

Giver: 60 portioner

INGREDIENSER:
- 3 kopper creme fraiche
- ¾ kop mælk
- ½ kop grøn chili
- 1 pakke Uncle Ben's Brand Chicken Flavor Ris Pilaf
- ½ tsk cayennepeber
- 6 pund Hakket, kogt kylling
- 2 spsk Salt
- 60 Mel tortillas

INSTRUKTIONER:

a) Kombiner creme fraiche, mælk og grønne chili. Afkøl for at blande smag.

b) Kog ris efter anvisningen på pakken, tilsæt cayennepeber.

c) Rør kylling og salt i. Varm igennem. Dæk til og hold varm (150-160øF.) indtil klar til servering.

d) Placer nr. 12 scoop kylling-ris blanding på tortillas. Folde.

e) Hæld ½ ounce creme fraiche sauce over toppen af foldede tortillas.

34.kinesiske burritos

Gør: 4 portioner

INGREDIENSER:
- 4 mel tortillas; 8 tommer
- 2 kopper kylling og sød peber røre
- 4 ounce dåse svampe; skåret i skiver og afdryppet
- ¼ kop blommekonserves

INSTRUKTIONER:
a) Pak tortillas ind i folie. Varm i en 350° ovn i 10 minutter for at blive blød.
b) I mellemtiden røres de reserverede kyllinge- og peberrøre, svampe og blommekonserves sammen i en medgryde.
c) Kog og rør over middel varme i cirka 5 minutter eller indtil gennemvarmet.
d) For at samle, hæld ¼ af kyllingeblandingen ned i midten af hver tortilla. Fold de modsatte sider af tortillaen ind, så de overlapper hinanden.

35. Kylling og ananas Burrito

INGREDIENSER:

- ½ kop strimlet kylling, skindet fjernet
- 3 spiseskefulde salsa af høj kvalitet
- 2 spsk sorte bønner på dåse, skyllet og drænet
- 2 spsk finthakkede rødløg
- 2 spsk frisk ananas i tern
- 2 spsk finthakket peberfrugt
- ¼ teskefuld stødt spidskommen
- ¼ tsk kosher salt
- 6-tommer hvede tortilla

INSTRUKTIONER:

a) Bland alle ingredienserne i en skål, undtagen tortillaen.
b) Hæld i et 12-ounce krus.
c) Dæk til og mikroovn indtil løgene er bløde, cirka 2 minutter.
d) Læg tortillaen på en tallerken og dæk den med et rent køkkenrulle.
e) Mikrobølgeovn indtil varm, cirka 20 sekunder
f) Hæld fyldet på tortillaen og rul den sammen.

36. Kylling burrito stegepande

Giver: 6 portioner

INGREDIENSER:
- 1-pund udbenet skindfri kyllingebryst, skåret i 1-1/2-tommers stykker
- 1/8 tsk salt
- 1/8 tsk peber
- 2 spsk olivenolie, delt
- 1 kop ukogte langkornede ris
- 1 dåse (15 ounce) sorte bønner, skyllet og drænet
- 1 dåse (14-1/2 ounce) tomater i tern, drænet
- 1 tsk stødt spidskommen
- 1/2 tsk løgpulver
- 1/2 tsk hvidløgspulver
- 1/2 tsk chilipulver
- 2-1/2 kopper reduceret natrium kyllingebouillon
- 1 kop revet mexicansk osteblanding
- 1 mellemstor tomat, hakket
- 3 grønne løg, hakket

INSTRUKTIONER:

a) Vend kyllingen med salt og peber. I en stor støbejern eller anden tung stegepande, varme 1 spsk olie over medium-høj varme; sauter kylling indtil brunet, cirka 2 minutter. Fjern fra panden.

b) I samme gryde, opvarm resterende olie over medium-høj varme; sauter ris, indtil de er let brunede, 1-2 minutter. Rør bønner, dåsetomater, krydderier og bouillon i; bring i kog. Læg kylling ovenpå (rør ikke i ris). Lad det simre, tildækket, indtil risene er møre og kyllingen ikke længere er lyserød, 20-25 minutter.

c) Fjern fra varmen; drys med ost. Lad stå, tildækket, indtil osten er smeltet. Top med tomat og grønne løg.

37.Andeburrito

Giver: 4 portioner

INGREDIENSER:
- 1 spsk Olivenolie
- ½ kop hakket løg
- 1 Øre af sukkermajs, skrabet
- Fra kolben
- 1 spsk hakket skalotteløg
- 2 tsk hakket hvidløg
- 1 stegt andebryst, (8 til
- 10 Uns) trukket
- 1 kop kogte sorte bønner
- 1 kop kogte hvide ris
- 1 spsk chilipulver
- 2 teskefulde Spidskommen
- 1 kop and eller anden mørk kødfond
- Salt og sort peber
- 1 spsk hakket koriander
- 6 mel tortillas
- 12 tandstikkere
- Olie til stegning
- Essens
- ½ kop revet cheddarost
- ½ kop revet Monterey Jack ost
- 1 kop Jalapeno creme fraiche

INSTRUKTIONER:
a) Tilsæt olivenolien i en stor sauterpande ved middel varme. Når olien er varm tilsættes løgene og sauteres i 1 minut.
b) Smag til med salt og peber. Tilsæt majs, skalotteløg og hvidløg og svits videre i 2 minutter. Rør pulled meat, sorte bønner og ris i.
c) Smag blandingen til med chilipulver og spidskommen. Tilsæt andefonden og bring det i kog.
d) Skru ned til et simre og kog i 2 til 3 minutter, eller indtil væsken er reduceret med ⅔. Rør koriander i.
e) Afkøl blandingen helt. Forvarm frituregryden. Kom ¾ kop af fyldet i midten af hver meltortilla.
f) Fugt siderne af tortillaen let med vand. Fold siderne af tortillaen ind og rul tortillaen stramt sammen, så du danner en burrito, sørg for at siderne er helt forseglet. Fastgør eventuelt hver burrito med tandstikkerne.
g) Læg burritoerne, et par ad gangen, i den varme olie og steg dem, indtil de er gyldenbrune, cirka 2 til 3 minutter på hver side. Rør burritoerne med en ske, lejlighedsvis for at blive brunet. Steg burritoerne i omgange.
h) Fjern burritos fra olien og afdryp på en papirbeklædt tallerken. Krydr burritoerne med Essence. Server burritoerne med chili majssauce.
i) Pynt hver burrito med et drys af de to oste og Jalapeno creme fraiche.

38.Malet kalkunburritos

Giver: 8 portioner

INGREDIENSER:
- 1 pund hakket kalkun eller oksekød
- 1 stort løg - hakket
- 1 stor grøn peber - hakket
- 2 Chiles serrano (valgfrit) Hakket
- 1 fed hvidløg - hakket
- 1 dåse Refried bønner
- 1 dåse Chiles -- hakket
- ¾ kop Picante sauce
- 1 tsk stødt spidskommen
- ½ tsk oregano
- 1 tsk salt
- 1 streg Cayenne
- 1 kop Monterey jack ost, revet
- 8 Mel tortillas

INSTRUKTIONER:

a) Brun kalkunen med løg, peberfrugt og hvidløg. Dræn overskydende fedt.

b) Tilsæt de resterende ingredienser og lad det simre i cirka 10 minutter.

c) Lad køle lidt af, så blandingen er lidt fastere. Varm tortillaerne i mikroovnen eller enkeltvis i en stegepande for at blive bløde.

d) Sæt en stor skefuld i midten af hver tortilla, top med lidt ost, og pakk, fold enderne indeni.

e) Valgfrie tilføjelser: sorte bønner, majs, mere chili, ris, hvad end du kan lide.

39. Mini slags veggie burrito

Gør: 10

INGREDIENSER:
- En 15-ounce dåse vegetariske refried bønner
- En 15-ounce dåse sorte bønner, drænet og skyllet
- 6 spsk olie
- 1 sødt løg i tern
- 1 lille zucchini eller sommersquash, strimlet
- 2 tsk salt
- 1 rød peberfrugt, hakket
- 1 kop champignon i skiver
- 1 kop dampede kartofler i tern
- 1 tsk paprika
- 2 tsk spidskommen
- ¼ tsk cayennepeber
- 1 kop kogte langkornede brune ris
- 20 små meltortillas
- 2 kopper revet cheddarost
- Salsa, creme fraiche og Guacamole til servering

INSTRUKTIONER:

a) Forvarm ovnen til 300°F.

b) I en 2-liters gryde blandes de to dåser bønner sammen med 2 til 3 spiseskefulde vand og koges op ved lav varme.

c) Mens bønnerne koger, opvarm en sauterpande ved middel varme og tilsæt 6 spsk olie. Lad olien varme i 30 sekunder, tilsæt derefter løget og sauter indtil de er gyldenbrune, cirka 8 minutter.

d) Mens løg koger, smid den strimlede zucchini med 1 tsk salt i et dørslag og pres det overskydende vand ud. Sæt til side.

e) Tilsæt peberfrugten til de sauterede løg og steg i et par minutter, før du tilføjer svampe, zucchini og kartofler.

f) Drys med paprika, spidskommen og cayennepeber, og kog indtil svampene har frigivet deres saft, cirka 5 minutter.

g) Fjern grøntsagsblandingen fra varmen og tilsæt den resterende 1 tsk salt. Tilsæt de kogte ris til grøntsagsblandingen og rør for at kombinere.

h) Fordel en stor skefuld bønner på hver tortilla. Læg derefter en bunke skefuld grøntsager og ris i midten, toppet med et lille drys ost.

i) For at folde skal du bringe den nederste kant af tortillaen op over fyldet, derefter stikke siderne ind og dække med den øverste kant af tortillaen.
j) Du vil have en selvstændig pakke med så lidt fyld, der falder ud som muligt.
k) Læg burritoen i en bradepande af glas og gentag indtil du har 20 små burritoer eller indtil du løber tør for fyld.
l) Pensl burritoen med olie, og bag i 10 minutter, lige indtil tortillaerne er gyldenbrune.
m) Server med salsa, creme fraiche og Guacamole.

40.Bønner og tvp burritos

Gør: 10 portioner

INGREDIENSER:
- 10 (10 tommer) tortillas eller chapatis
- 1 kop tørrede pinto bønner, udblødte
- Natten over i 3 kopper vand
- 1 laurbærblad
- 3 fed hvidløg, hakket
- ½ kop TVP granulat eller flager
- ½ kop (mindre 1 T.) varmt vand
- 2 tsk chilipulver
- 1 tsk Spidskommen
- 1 tsk salt
- ½ tsk oregano
- 1 spsk Olivenolie
- 1 kop løg, hakket

INSTRUKTIONER:
a) Dræn, skyl og kog bønnerne møre (70-90 minutter) i 3 kopper vand med laurbærblad og hvidløg.
b) Dræn bønnerne, men behold væsken, hvis det senere er nødvendigt at fortynde fyldblandingen.
c) Kombiner TVP, varmt vand, varm bønnevæske, chilipulver, spidskommen, salt og oregano.
d) Svits løget i olivenolien i en god størrelse pande, indtil det er blødt.
e) Tilsæt den krydrede TVP og kog et par minutter mere. Rør de kogte bønner i, overfør derefter blandingen til en foodprocessor eller blender og mos til et temmelig glat tekstureret fyld, tilsæt lidt af bønnevæsken, hvis blandingen er for tyk.
f) Smag til og tilsæt eventuelt lidt varm sauce. Hvis det gøres i en blender, skal du muligvis gøre det i to omgange, og bland derefter batcherne sammen.
g) For at samle: opvarm en bageplade eller stegepande, indtil et par dråber vand danser på overfladen.
h) Tørsteg hver tortilla på begge sider, indtil overfladen af tortillaen begynder at boble og brunes lidt. Hold dem varme i et tykt håndklæde. Når det hele er opvarmet, læg cirka ⅓ kop fyld ned ad den ene side af en tortilla og rul sammen.
i) Du kan eventuelt vedlægge eller servere med tilbehør af revet salat, revet sojaost, salsasauce eller avocado i skiver.
j) Burritos kan laves på forhånd, opbevares pakket ind og bages før servering.
k) Pak ud, læg på bagepapir, pensl toppen let med olie, hvis det ønskes, og bag ved 350 grader i cirka 20 minutter.

41.Bønne burrito gryderet

Giver: 6 portioner

INGREDIENSER:
- 2 kopper tomatsauce
- 3 kopper vand
- ¼ teskefuld hvidløgspulver
- 5 kopper Pinto bønner; mosede
- 1 kop grønne løg; lavede mad
- ½ tsk Løgpulver
- 3 spsk chilipulver
- 4 spsk majsstivelse eller pilrot
- ½ kop sorte oliven; hakket
- 12 Fuldkornstortillas

INSTRUKTIONER:

a) Sauce: Kombiner alle sauce ingredienser: i en gryde.

b) Kog under konstant omrøring, indtil blandingen koger og tykner, cirka 7 minutter.

c) Gryde: Placer gryde ingredienser i separate skåle.

d) For at samle: Fordel 1 kop sauce i bunden af en overdækket ildfast fad. Fyld hver tortilla med en blanding af bønner, grønne løg og oliven. Rul sammen og læg sømsiden nedad i ildfastfadet. Hæld den resterende sauce over de sammenrullede tortillas. Dæk til og bag ved 350 grader i 30 minutter.

42. Bønneburritos med salsa mexicana

Gør: 10 burritos

INGREDIENSER:
- 10 mel tortillas
- 2½ kop tørrede pinto bønner
- 6 kopper vand
- 2 medium løg; i tern
- 1 knivspids salt (valgfrit)
- 1½ mellemstore modne tomater; i tern
- ¼ kop jalapenopeber i tern
- ½ medium løg; i tern
- 1 spsk hakket frisk koriander (koriander)
- 1 grønt løg; hakket

INSTRUKTIONER:
a) Vask og afdryp bønnerne. Bring bønner, vand, løg og salt i en stor gryde i kog.
b) Skru ned for varmen, læg låg på, og lad det simre, tilsæt mere vand, hvis det er nødvendigt, indtil bønnerne er møre og let moses (ca. 3 timer).
c) Blend ingredienserne til salsaen i en lille skål. Sæt til side.
d) Dræn og mos bønnerne med en kartoffelmoser eller el-mixer.
e) Forvarm ovnen til 350 grader. Pak tortillaerne ind i folie og varm dem i ovnen i 8 til 10 minutter.
f) Hæld noget af bønneblandingen på hver tortilla, top med grønne løg og salsa, og rul til en burrito.

43.Sorte bønner og papaya burritos

Gør: 4 portioner

INGREDIENSER:
- 4 Skindfri, udbenet kylling
- 1 brysthalvdele (12 oz i alt)
- 1 kop hønsebouillon eller vand
- 1 laurbærblad
- ½ tsk stødt spidskommen
- 8 10 tommer mel tortillas
- ½ kop hakket løg
- 1 spsk madolie
- 1 dåse (15 oz) sorte bønner eller pinto
- 1 bønner, skyllet og drænet
- 1 eller 2 jalapeno eller serrano peberfrugter, s
- 1 moden medium papaya, frøet,
- 1 skrællet og skåret i tynde skiver,
- 1 Eller 2 appelsiner, skrællet og
- 1 Snittet
- 1 kop Shredded Monterey jack el
- 1 mozzarellaost (4 oz)
- ¼ kop snittet frisk koriander eller
- 1 Persille
- 1 salsa (valgfrit)

INSTRUKTIONER:
a) Læg kyllingebryst, bouillon eller vand, laurbærblad og spidskommen i en mellemstor stegepande. Bring i kog, reducer varmen. Lad det simre, tildækket, i 15 til 20 minutter, eller indtil kyllingen er mør og ikke længere lyserød.
b) Afdryp, behold bouillon. Lad kyllingen stå til den er afkølet. Brug en gaffel til at trække kyllingen fra hinanden i lange, tynde tråde. Sæt til side. Fjern laurbærblad fra bouillon. Stable tortillas og pak dem tæt ind i folie. Opvarm i en 350 grader varm ovn i 10 minutter for at blive blød.
c) I mellemtiden koges det hakkede løg i en varm olie i en stor stegepande, indtil det er mørt; men ikke brun.
d) Tilsæt forsigtigt bønner; jalapeno, serrano eller dåse chilipeber; og ¼ kop af den reserverede bouillon.

e) Med en træske eller kartoffelmoser, mos bønner i stegepande (blandingen skal være tyk.) Fjern fra varmen.
f) Fordel 2 til 3 spiseskefulde af bønneblandingen ned i midten af hver tortilla. Top hver med noget af kyllingen; papaya eller appelsin; revet ost; og koriander eller persille.
g) Fold hver tortillas sider ind over fyldet, overlappende og form en kegleform. Fastgør med en tandstik.
h) Arranger burritoerne på en bageplade. Dæk let med folie.
i) Bages i en 350 grader F ovn i 15 til 20 minutter, eller indtil burritos er gennemvarmet.
j) Server eventuelt med salsa og pynt med cherrytomater og timiankviste.

44. Burritos rancheros

Gør: 6 portioner

INGREDIENSER:
- 1 3-4 lb oksekød chuck stege
- 2 spsk chilipulver
- 1 tsk oregano
- ¼ teskefuld stødt spidskommen
- 2 fed hvidløg; knust gennem en presse
- 1 Anaheim chile eller
- Andre semi-hot grøn chili; frøet og hakket
- 2 medium løg; hakket
- 28 ounce Kan skåret flåede tomater; udrænet
- 30 ounce Kan chili bønner; drænet
- 2½ Til 3 T. hurtigblandet mel
- 3 spiseskefulde; koldt vand
- 6 mel tortillas; opvarmet
- 1 kop cheddarost (4 oz); strimlet
- Guacamole Supreme
- ¾ kop creme fraiche
- 2 modne avocadoer
- ½ tsk Krydret salt
- 1 fed hvidløg; hakket
- 1 tsk frisk koriander (valgfrit)
- 2 spsk Frisk limesaft

INSTRUKTIONER:
a)   Brun oksekød på begge sider ved høj varme i en 6-quart hollandsk ovn. Tilsæt chilipulver, oregano, spidskommen, hvidløg, chili og løg.
b)   Rør tomater i med deres væske. Opvarm til kogning; reducer varmen til lav og kog 2-½ til 3 timer, eller indtil kødet falder fra hinanden.
c)   Fjern kødet fra kogevæsken og lad det stå, indtil det er køligt nok til at det nemt kan håndteres.
d)   Tilsæt bønner. Bland mel og koldt vand sammen og rør til væske i gryden. Opvarm til kogning under omrøring. Reducer varmen til lav og lad det simre i 5 minutter.
e)   Hæld noget af kød- og bønneblandingen i midten af hver tortilla.
f)   Fold enderne ind og rul sammen. Læg sømsiden nedad på en tallerken og top med mere varm kødblanding.
g)   Top med ost, Guacamole Supreme og creme fraiche.

GUACAMOLE SUPREME:
h)   Mos avocadoerne med en gaffel. Blend krydret salt, hvidløg, frisk koriander, hvis brugt, og 2 spsk frisk limesaft.

45. Cilantrito (cilantro burrito)

Gør: 30 portioner

INGREDIENSER:
- ½ pund tør sort bønne
- ½ pund tørre pinto bønner
- ½ pund tørre kidneybønner
- 30 tortillaskaller
- 10 spidskål; hakket
- ¾ pund Svampe; hakket
- 2 Cubanelle peberfrugter; hakket
- ½ pakke Fuld hvede couscous; lavede mad
- Habanero-baseret varm sauce
- Citronsaft
- Rød peberpasta eller tabasco
- Koriander
- 1 spsk Habanero sauce
- 2 spsk rød peberpasta
- 1 spsk Spidskommen
- 1 spsk citronsaft
- 1 spsk Smør

INSTRUKTIONER:
a) Læg bønner i blød natten over, kog indtil de er bløde.
b) Tilsæt habanerosauce, rød peberpasta, spidskommen og citronsaft.
c) Til en stor teflongryde tilføjes: tilsæt 1 spsk smør/
d) Varm op og kog derefter svampe og cubaneller i den.
e) Få separate røreskåle til svamp/peber; spidskål; koriander, couscous og endnu en til vand og en til bønneblanding.
f) Tag en tortilla, Nuke den i 35 sek. Tag den ud, læg en slagterblok på, fordel med vand, vend den om, fordel med vand. Jeg bruger en håndfuld vand på hver side.
g) Sæt nu 2-3 dyngede teskefulde bønne på en linje ⅓ vej fra den ene kant.
h) Tilsæt 1 tsk koriander, spidskål, svampe og 1 spsk. couscous. Rul én gang om, fold kanterne om, rul færdig.

46. Middelhavs Burrito

Gør: 2

INGREDIENSER:
- 2 hvede tortillas
- 2 ounce røde kidneybønner, dåse, drænet
- 2 spsk hummus
- 2 tsk tahinisauce
- 1 agurk
- 2 salatblade
- 1 spsk limesaft
- 1 tsk olivenolie
- ½ tsk tørret oregano

INSTRUKTIONER:
a) Mos de røde kidneybønner til du får en puré.
b) Fordel derefter hvedetortillaerne med bønnermos fra den ene side.
c) Tilsæt hummus og tahinisauce.
d) Skær agurken i tern og læg dem over tahinisauce.
e) Tilsæt derefter salatblade.
f) Lav dressingen: Bland olivenolie, tørret oregano og limesaft sammen.
g) Dryp salatbladene med dressingen og pak hvedetortillaerne ind i form af burritos.

47. Sorte bønner burritos i mikrobølgeovn

Giver: 2 portioner

INGREDIENSER:
- 2 teskefulde vegetabilsk olie
- 1 lille løg, fint hakket
- 1 lille Jalapenopeber, frøet, fint skåret
- 1 fed hvidløg, hakket
- ¼ teskefuld stødt spidskommen
- ¼ teskefuld tørret oregano
- ¼ teskefuld chilipulver
- 1 knivspids malede korianderfrø
- 16 ounce sorte bønner, skyllet, drænet
- 3 spsk vand
- Salt
- Friskkværnet peber efter smag
- ½ avocado, udstenet, skrællet, skåret i tern
- 1 blommetomat i tern
- 1 spidskål, hakket
- 1 spsk hakket frisk koriander (koriander)
- 2 teskefulde frisk limesaft
- 1 knivspids revet limeskal
- 4 meltortillas, opvarmede
- Pynt: strimlet romainesalat, snittet rødløg, revet Monterey Jack ost og creme fraiche.

INSTRUKTIONER:
a) Rør olie, løg, jalapeno og hvidløg sammen i 9-tommers glastærteplade.
b) Dæk med plastfolie, og lad det ene hjørne stå åbent for udluftning.
c) Mikrobølgeovn på HØJ effekt 1 minut. Rør spidskommen, oregano, chilipulver og malet koriander i; mikroovn, tildækket og udluftet, 1 minut.
d) Rør bønner og vand i; mikroovn, tildækket og udluftet, 2 minutter.
e) Overfør ½ kop bønneblanding til blender eller foodprocessor og puré. Rør tilbage i de resterende bønner.
f) Smag til med salt og peber.
g) Kom avocado, tomat, spidskål, frisk koriander, limesaft og skal i en lille skål. Smag salsaen til med salt og peber.
h) Når de er klar til servering, mikrobølge bønner, tildækket og udluftet, indtil de er meget varme, 1-3 minutter.
i) Server bønner med tortillas, salsa og pynt.

48.Sorte bønner og majs burritos

Giver 4 burritos

INGREDIENSER:
- 1 spsk olivenolie
- 1/2 kop hakket løg
- 1 1/2 kopper kogte eller 1 (15,5 ounce) dåse sorte bønner, drænet og skyllet
- 1/2 kop tomatsalsa
- 4 (10-tommer) mel tortillas, opvarmet

INSTRUKTIONER:
a) I en gryde varmes olien op ved middel varme. Tilsæt løget, læg låg på og kog indtil det er blødt, cirka 5 minutter. Tilsæt bønnerne og mos dem til de er brudt sammen.
b) Tilsæt majs og salsa under omrøring for at kombinere. Lad det simre under omrøring, indtil bønneblandingen er varm i cirka 5 minutter.
c) For at samle burritos, læg 1 tortilla på en arbejdsflade og ske omkring 1/2 kop af fyldet
d) blandingen ned i midten. Rul stramt sammen, læg siderne ind. Gentag med de resterende ingredienser. Server med sømsiden nedad.

49. Red Bean Burritos

Giver 4 burritos

INGREDIENSER:
- 1 spsk olivenolie
- 1 mellemstor løg, hakket
- 1 mellemstor rød peberfrugt, hakket
- 1 1/2 kopper kogte eller 1 (15,5 ounce) dåse mørkerøde kidneybønner, drænet og skyllet
- 1 kop tomatsalsa
- 4 (10-tommer) mel tortillas, opvarmet
- 1 kop varm kogte ris
- 1 moden Hass-avocado, udstenet, skrællet og skåret i 1/4-tommers skiver

INSTRUKTIONER:
a) I en mellemstor gryde varmes olien op over medium varme. Tilsæt løg og peberfrugt, læg låg på, og kog indtil det er blødt, cirka 5 minutter. Tilsæt bønner og salsa og kog under omrøring for at kombinere. Kog bønnerne, mens du rører dem, til de er varme.

b) For at samle burritos, læg 1 tortilla på en arbejdsflade og ske omkring 1/2 kop af bønnen

c) blandingen ned i midten. Top med ris, efterfulgt af skiver af avocado og ekstra salsa, hvis det ønskes. Rul stramt sammen, læg siderne ind. Gentag med de resterende ingredienser. Server med sømsiden nedad.

50.Burrito bider

INGREDIENSER:

- 1 dåse tomater i tern
- 1 kop instant ris
- ⅓ kop vand
- 1 grøn peber, skåret i tern
- 2 grønne løg, skåret i skiver
- 2 kopper revet cheddarost, delt
- 1 dåse Ranch Style Refried Beans (16 oz)
- 10 mel tortillas (6-7")
- 1 kop salsa

INSTRUKTIONER:

a) Forvarm ovnen til 350'F. Spray en 9x12" bradepande med PAM; sæt til side.
b) Kombiner ris og vand i en mellemstor gryde; varme til kog.
c) Reducer varmen, læg låg på og lad det simre i 1 minut. Fjern fra varmen og lad sidde i 5 minutter, eller indtil al væske er absorberet. Rør peber, løg og 1 kop ost.
d) Fordel cirka 3 spiseskefulde bønner over hver tortilla til inden for ⅛" fra kanten. Læg risblandingen i lag over bønnerne; rul op. Læg sømmen nedad i den forberedte bageform; dæk med folie.
e) Bages i forvarmet ovn 25 minutter eller indtil varm. Skær tortillaerne i 4 stykker og læg dem på et fad. Top med salsa og ost. Top med salsa og ost. Tilbage til ovnen og bag 5 minutter, eller indtil osten smelter.

51. Spanske Burritos

Gør 6

INGREDIENSER:
- Majs – 1 dåse
- Sorte bønner – 1 dåse
- havsalt – ,5 tsk
- Paprika - 1 tsk
- Spidskommen - 1 tsk
- Paprika, røget – ,5 tsk
- Grønne løg i skiver - 2
- Limesaft - 2 teskefulde
- Koriander, hakket – ,5 kop
- mørk peber, stødt – ,25 tsk
- Meltortillas, store – 6
- Guacamole - 1 kop
- Salat, revet - 3 kopper
- Brune ris, kogte - 3 kopper
- Salsa - 1 kop
- Veganske ostestykker – 0,5 kop

INSTRUKTIONER:

a) Dræn både majs og de sorte bønner, og skyl derefter de sorte bønner grundigt.

b) Tilsæt begge dåser mad i en skål og rør grønne løg, koriander, limesaft, havsalt og krydderier i.

c) Læg tortillaerne og tilsæt ris i midten af hver tortilla. Efter risene tilsættes bønne- og majsblandingen, salat, salsa, veganske ostestrimler og guacamole.

d) Fold enderne af tortillaerne ind, så maden ikke falder ud, og rul derefter siderne op.

e) Server burritoerne med det samme eller pak dem ind i plastikbetræk og frys dem ned.

52.Sød kartoffel og æg burritos

INGREDIENSER:
TIL KARTOFLERNE
- 1 kop (235 ml) vand eller grøntsagsfond
- 1/2 pund (227 g) søde kartofler, skrællet og skåret i små tern
- Kosher eller fint havsalt og friskkværnet sort peber
- Til fyldet
- 2 spiseskefulde (30 ml) oliven- eller vegetabilsk olie, delt
- 1/2 løg, finthakket
- 1/2 rød peberfrugt, udsået og finthakket
- 1 tsk chipotle pulver
- 1 kop (240 g) glutenfri sorte bønner på dåse, skyllet og drænet
- 6 store æg

TIL MONTERING
- 4 store glutenfri tortillas
- 1/2 kop (120 g) glutenfri salsa, såsom tomatillo, salsa Verde, salsa Roja eller pico de gallo
- 1 kop (120 g) revet Monterey Jack, pepper Jack eller Colby ost
- Friskpresset limesaft Friske korianderblade, hakket

INSTRUKTIONER:
KARTOFLER
a) Hæld vandet i bunden af den inderste gryde på din elektriske trykkoger.
b) Læg en dampkurv i gryden og læg kartoflerne i kurven. Luk og lås låget, og sørg for, at dampudløserhåndtaget er i tætningsposition. Kog ved højtryk i 2 minutter.
c) Slip naturligvis trykket i 2 minutter, og slip derefter hurtigt det resterende tryk ved at dreje dampudløserhåndtaget til udluftning. Tryk på Annuller. Lås låget op og åbn det forsigtigt.
d) Løft kartoflerne op af gryden, krydr med salt og peber, stil til side og hold dem varme. Kartoflerne kan koges en dag i forvejen og opvarmes igen, før æggene koges og burritoerne samles.

FYLDNING
e) Mens kartoflerne koger, opvarm i en 10-tommer (25 cm) stegepande 1 spsk (15 ml) af olien og kog løg og peber i 5 minutter for at blødgøre lidt.
f) Tilsæt chipotlepulveret og bønnerne til stegepanden, varm igennem. Brug en hulske til at overføre grøntsagerne til en skål og dæk til for at holde dem varme.

g) Tilsæt den resterende 1 spsk (15 ml) olie til stegepanden. Pisk æggene i en skål, indtil de er blandet, hæld derefter i gryden og kog under konstant omrøring, indtil de er rørte.

h) Tag gryden af varmen. Hak æggene i små stykker med en spatel. Rør bønner og grøntsager i æggene og hold dem varme.

MONTAGE

i) Lun tortillaerne let og læg en fjerdedel af kartoflerne og en fjerdedel af æggene på hver. Top med 2 spsk (30 g) af salsaen og ca. 1/4 kop (30 g) af den revne ost.

j) Drys med lidt limesaft og lidt koriander, rul forsigtigt sammen og server, mens den er varm. Hvis de er sarte og har tendens til at rive i stykker, så spis dem med en gaffel.

53. Bønne- og majsburritos

Gør: 4 portioner

INGREDIENSER:
- 1 grøntsagsspray
- ½ kop løg - hakket
- ¼ kop grøn peber - i tern
- 1 tsk syltet jalapenopeber, hakket
- 1 tsk stødt spidskommen
- ⅛ teskefuld Kværnet hvid peber
- 16 ounce Kan lyse røde kidneybønner, drænet og moset
- ½ kop frosne hele majskerner --
- 1 Optøet og drænet
- 4 8-tommer mel tortillas
- ¾ kop Strimlet reduceret fedt skarpt
- 1 cheddar ost
- 1 kop kommerciel medium salsa
- ¼ kop Fedtfri creme fraiche
- 1 Jalapeno peber skiver
- 1 friske korianderkviste

INSTRUKTIONER:
a) Coat en lille nonstick stegepande med madlavning spray; læg over medium varme, indtil det er varmt. Tilsæt løg, grøn peber, jalapenopeber og hvidløg; sauter indtil de er møre. Rør spidskommen og hvid peber i.
b) Kog 1 minut under konstant omrøring. Fjern fra varmen; rør mosede bønner og majs i. Fordel ½ kop bønneblanding jævnt over overfladen af hver tortilla.
c) Drys 3 spsk ost i midten af hver tortilla.
d) Rul tortillas sammen, og læg sømsiden nedad på en mellemstor bageplade.
e) Bages ved 425~ i 7 til 8 minutter eller indtil den er gennemvarmet.
f) Til hver servering toppes hver burrito med ¼ kop salsa og 1 spsk creme fraiche. Hvis det ønskes, pynt med jalapenopeberskiver og friske korianderkviste.

54. Fiesta bønne burrito

Gør: 1 portioner

INGREDIENSER:
- ½ kop vegetariske bønner
- 1 spsk Salsa
- 1 tsk hakket koriander, valgfrit
- 1 Fuldkornstortilla

INSTRUKTIONER:
a) Fordel bønnerne over tortillaen.
b) Drys de resterende ingredienser på.
c) Opvarm i mikrobølgeovn, indtil den er varm, cirka 40 sekunder.
d) Rul tortilla og blanding til en burrito.

55. Varme phyllo burritos

Giver: 12 portioner

INGREDIENSER:
- 8 grønne løg
- 1 16 oz dåse pinto bønner; skyllet & drænet
- 1 1,25 oz pkg tacokrydderiblanding
- 1 Jalapeno peber
- 2 tsk Salsa
- 16 ark frossen filodej; optøet
- Grøntsags madlavningsspray
- 1½ kop salsa

INSTRUKTIONER:
a) Skær grønne toppe fra løg. Kog toppe i kogende vand til at dække 1 minut; dræne. dyk ned i isvand for at stoppe tilberedningen; dræne.
b) Skær hvert stykke på langs i 3 eller 4 strimler og læg til side.
c) Hak nok af hvide portioner til at måle ½ kop.
d) Behandl den hakkede hvide del, bønner og de næste 3 ingredienser i en foodprocessor, indtil de er glatte, og stop med at skrabe siderne ned; sæt til side.
e) Læg 1 filoplade på et stort skærebræt og beklæd med grøntsagsspray. Behold de resterende filoplader dækket med et let fugtigt håndklæde. Stak yderligere 3 filo-ark over det første ark; belægning hver med grøntsagsspray.
f) Skær stakken i halve på langs, og skær hver halvdel på tværs i tredjedele. Ske 1 spiseskefuld bønneblanding nær 1 lang kant af hver stak; rulle op fra samme kant.
g) Knib rullerne 1½ tommer fra hver ende og bind dem med strimler af grønne løg. Lægges på let smurte bageplader. Gentag proceduren 3 gange med de resterende filostakke og bønneblanding.
h) Bages ved 400 _ F i 10 til 15 minutter eller indtil gylden; afkøles på rist.
i) Server med ekstra salsa.

56.Jiffy mexicanske burritos

Gør: 4 portioner

INGREDIENSER:
- 16 ounce fedtfri refried bønner; dåse
- ⅓ kop salsa; eller vand
- 4 9 tommer mel tortillas
- 1 mellemstor hakket tomat
- 4 små grønne løg; hakket
- ½ grøn peberfrugt; hakket
- 1 kop fedtfattig mozzarellaost; strimlet
- Strimlet salat
- Salsa; eller taco sauce
- Fedtfattig creme fraiche; valgfri

INSTRUKTIONER:
a) Kombiner bønner og salsa eller vand. Bland godt. Fordel ca. ⅓ kop af bønneblandingen tyndt over hver tortilla, efterlad en 1-tommers kant.
b) Drys tomat, grønne løg, grøn peber og halvdelen af osten over tortillas. Ovn ved 400F.
c) Rul hver tortilla og læg den med sømsiden nedad i et let smurt ovnfast fad.
d) Bag i en 400F ovn i 10 minutter. Drys med den resterende ost; bages i 5 minutter længere, eller indtil den er gennemvarmet og osten smelter. Eller dæk med vokspapir og mikroovn på medium-høj (70 procent) effekt i 2 til 4 minutter eller indtil gennemvarmet.
e) Server burritos på revet salat. Passer salsa eller taco sauce og creme fraiche (eller yoghurt) separat.

57. Matzo burrito gryderet

Gør: 4 portioner

INGREDIENSER:
- Salsa
- Fedtfri refried bønner
- Matzos
- Røde og grønne peberfrugter
- Grøn chili

INSTRUKTIONER:

a) Forvarm ovnen til 350 grader. I en firkantet ildfast fad fordeles lidt salsa på bunden af gryden for at forhindre, at matzoen sætter sig fast.

b) Fordel FF refried beans ovenpå nok matzos til at dække (et lag) bunden af fadet.

c) Læg et lag røde og grønne peberfrugter og derefter endnu et lag matzo med refried beans.

d) Oveni lægges et lag grønne chili, endnu en matzo og lidt salsa og tofu ovenpå.

e) Bages i ovnen i cirka 15 minutter.

f) Matzoerne bløder op som tortillas, og det sparer meget godt.

58.Burritos med vilde svampe

Giver: 6 portioner

INGREDIENSER:
- 1 spsk rapsolie
- 4 ounces friske shiitake-svampe; skåret i skiver
- 4 ounce østerssvampe; skåret i skiver
- 4 ounces Button svampe; skåret i skiver
- 1 rød peberfrugt; frøet og skåret i tern
- 2 fed hvidløg; hakket
- 1 dåse (15 oz) sorte bønner; drænet
- 1 dåse (14 oz) majskerner; drænet
- 4 hele spidskål; trimmet & hakket
- 1 tsk stødt spidskommen
- 1 varm peber; hakket ELLER
- ½ tsk chilipulver
- 1 tsk mexicansk oregano
- 6 10-tommer mel tortillas
- ¾ kop Monterey Jack ost; strimlet
- 1 kop tomatsalsa; eller din favorit

INSTRUKTIONER:
a) Opvarm olien over medium varme i en mellemstor gryde eller stor nonstick-gryde. Tilsæt svampe, peberfrugt og hvidløg og kog under omrøring, indtil de er møre, cirka 7 minutter.
b) Rør bønner, majs, spidskål, spidskommen, peber eller chilipulver og mexicansk oregano i, og kog under omrøring i 4 til 6 minutter.
c) Varm imens meltortillaerne over en varm brænder eller stegepande og læg dem på store serveringsfade. Hæld svampeblandingen ned i midten af hver tortilla. Top hvert fyld med omkring 2 spsk ost; rul tortillaerne rundt om fyldet, og lav burritos.
d) Hæld din yndlingssalsa over toppen af hver burrito.
e) Server med ris ved siden af.

59.Crockpot burritos

Gør: 4 portioner

INGREDIENSER:
- 1 (10 oz.) dåse hakket Ortega peberfrugt
- Kød fra ben
- 1 kop hakket løg
- 2 (4 oz.) dåse tomatsauce
- 2 pund Chuck stege

INSTRUKTIONER:
a) Natten før begynde at lave mad 2 lbs. chuck stege i crock pot (tilbered hele natten). Fjern knoglerne om morgenen. Tilføj til crockpot ovenstående.
b) Kog ved svag varme resten af dagen. Tilsæt blandingen til meltortillas.
c) Tilføj også refried bønner, creme fraiche, revet ost med kød. Pak ind i folie og bag ved 350 grader i 10 minutter.

60.Oksekød & ost burritos

Gør: 2 portioner

INGREDIENSER:
- 4 ounce hakket oksekød, magert
- 4 grønne løg, skåret i skiver
- 1 fed hvidløg, hakket
- ½ kop salsa
- ½ kop fedtfattig hytteost
- 1 tsk majsstivelse
- ¼ teskefuld tørret oregano. knust
- 2 mel tortillas, 6 tommer
- ¼ kop Mozzarella ost, revet

INSTRUKTIONER:
a) Kog hakkebøf, løg og hvidløg i en lille gryde, indtil oksekødet ikke længere er lyserødt, og løget er mørt. Dræn fedt fra.
b) Kombiner 2T af salsaen, hytteosten, majsstivelsen og oregano. Tilsæt kødblandingen i gryden.
c) Kog og rør til det er tyknet og boblende. Kog og rør i 2 minutter mere.
d) Fordel kødblandingen mellem tortillas; Rul op.
e) Dæk til og hold varmt. Opvarm den resterende salsa i samme gryde. Hæld over burritos. Top med ost.

61.Oksekød og orange burritos

Gør: 8 portioner

INGREDIENSER:
- 1 tsk olivenolie
- 1 stort løg, hakket
- 1 stor grøn peber, hakket
- 3 fed hvidløg, knust
- 1 spsk appelsinskal, revet
- 2 tsk stødt spidskommen
- 1 tsk chilipulver
- ¼ kop appelsinjuice
- 1 stor mager hakkebøf, kogt og drænet

INSTRUKTIONER:

a) Svits løg, peber, nelliker, appelsinskal, spidskommen og chilipulver i olie (og Pam om nødvendigt) i en stor stegepande, indtil de er næsten møre. Tilsæt appelsinjuice og rør indtil væsken er fordampet.

b) Tilsæt kogt og afdryppet hakkebøf og rør længe nok, indtil smagene er blandet sammen.

c) Server med opvarmede meltortillas & dit valg af følgende tilbehør: hakkede tomater, revet salat, revet skarp cheddarost, creme fraiche, hakket spidskål, salsa, refried beans, tabasco sauce, skiver jalapenos.

62. Burritos af kål

INGREDIENSER:
- 1 grøn- eller kinakål (12 blade)
- 300 g hakkebøf
- 1 fed hvidløg
- 400 ml tomater i tern
- 1 spsk tomatpuré
- 1 spsk taco-urter
- 1 lille dåse majs
- 2 hænder revet ost
- 100 gr kidneybønner

INSTRUKTIONER:
a) Hak løg og derefter hvidløg og steg på en pande.
b) Tilsæt hakket kød og derefter taco-urterne. Bag dette løst.
c) Rør tomatpuré og tern i og derefter de afdryppede majs og kidneybønner. Lad dette burritofyld simre i et par minutter.
d) I mellemtiden koger du vand.
e) Forvarm ovnen til 180 grader. Skær kålbladene og kog dem (pr. 2 eller 3) i et minut eller 2 i gryden og dræn derefter godt af.
f) Læg 2 kålblade ved siden af hinanden, så de overlapper lidt.
g) Hæld noget af burritofyldet på den ene side, drys med lidt ost og rul derefter forsigtigt sammen. Skub ikke for hårdt.
h) Gentag dette med resten af kålbladene og fyldet. Hvis de alle er i bageformen, så drys dem med lidt ekstra ost.
i) Stil derefter bageformen inde i ovnen i cirka 15 minutter.
j) Server kulhydraterne med lidt ris.

63.Flankesteak burrito med avocado dip

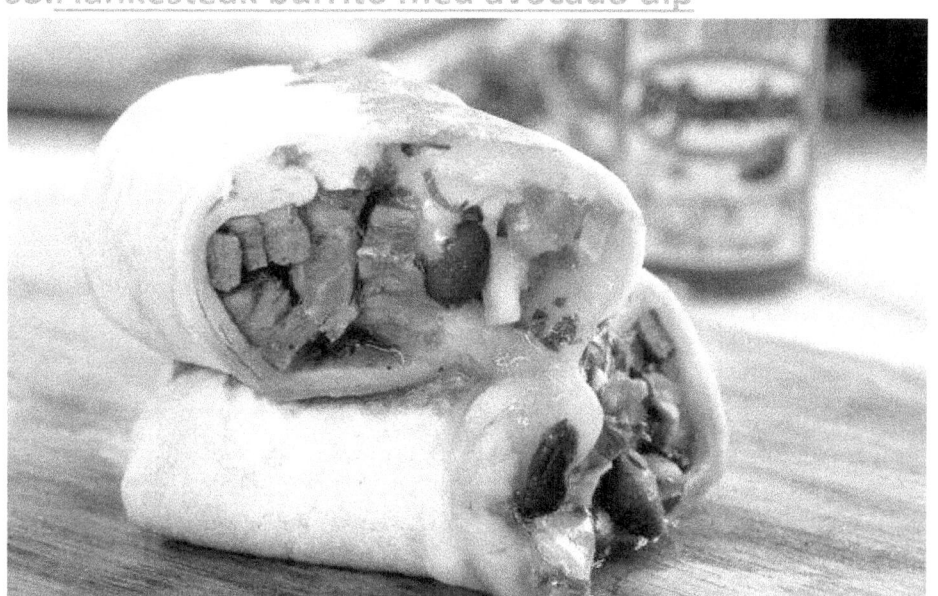

Gør: 8 portioner

INGREDIENSER:
- 4½ pund flankebøf
- 3 laurbærblade
- 1 mellemstor hvidløg, fint skåret
- 1 tsk peberkorn
- 2 liter hønsebouillon
- 3 ounce olivenolie
- 3 mellemstore rødløg
- 111 oz. kan jalapeno chili, frøet, hakket
- 5 fed hvidløg, finthakket
- 12 ounce tomater i tern
- 2 spsk Comino frø, knust
- Salt efter smag
- Hvid peber efter smag
- 4 ounce sorte eller grønne oliven i tern
- 16 mel tortillas
- 4 Avocadoer, skrællet, udstenet og hakket
- 1½ spsk citronsaft
- 1½ spsk riseddike
- 1 spsk Frisk koriander, hakket
- 1 mellemstor rødløg, finthakket
- ½ bundt grønne løg, hakket
- Salt efter smag
- Hvid peber efter smag

INSTRUKTIONER:

a) Læg flankebøffen i en stor 4 liters lagergryde med laurbærblad, hvidløg, peberkorn og bouillon. Bring det hurtigt i kog, og reducer det til let koge.

b) Kog flankebøffen til den er mør. Tilsæt yderligere bouillon om nødvendigt. Fjern fra varmen og afkøl.

c) Skær flankebøf i små julienne skiver. Kassér bouillon.

d) Varm olie op i en stor non-stick stegepande, tilsæt rødløg, jalapeno og hvidløg i tern. Sauter indtil de er gennemsigtige.

e) Tilsæt tomater, lad det simre forsigtigt ved svag varme i 10 minutter. Tilsæt koriander og spidskommen. Bland grundigt og tilsæt julienned

flanksteak. Tilsæt salt og hvid peber efter smag. Tilsæt oliven. Varm grundigt op, og fjern fra varmen.
f) Fyld lige store mængder flanksteakfyld i meltortillaerne. Fold i cylinderform og server med Avocado Dip.
g) Avocado Dip: Kombiner alle ingredienser grundigt, krydr og hold blandingen tyk. Server med burritos.

64. Grøn chile burrito med revet oksekød

Gør: 1 portioner

INGREDIENSER:
- 4 mel tortillas
- 2 kopper Pinto bønner; kogt og lidt moset
- 1 kop revet oksekød
- 2 kopper grøn chilesauce
- 1 kop Monterey jack ost; revet
- 2½ pund Chuck stege eller top runde
- Salt efter behov
- Timian efter behov
- Rødt chilipulver efter behov
- ½ løg; hakket
- 1 fed hvidløg; hakket
- 1 tsk salt

INSTRUKTIONER:
a) Læg ½ kop pinto bønner på den ene halvdel af hver tortilla. Læg ¼ kop af det strimlede oksekød oven på bønnerne.
b) Rul tortillaerne op og læg hver enkelt på et individuelt serveringssted med sømmene nedad.
c) Dæk hver med chilisauce, drys med ost.
d) Forvarm ovnen til 350 grader. Bag burritoerne, indtil osten er smeltet og saucen er boblende.
e) Strimlet oksekød: Tør chuckstegen af med et fugtigt håndklæde. Drys salt, timian og rød chilipulver på begge sider. Gnid krydderierne godt ind.
f) Læg den krydrede chucksteg, løg og hvidløg i en stor, tung gryde. Fyld den halvvejs op med vand og dæk den.
g) Forvarm ovnen til 250. Bag stegen i 6 timer. Hæv varmen til 325 grader den sidste halve time. Tilføj mere vand, hvis det er nødvendigt. Fjern stegen, riv den i stykker og vend den sammen med saltet.

65. Grøn chili røget brisket burritos

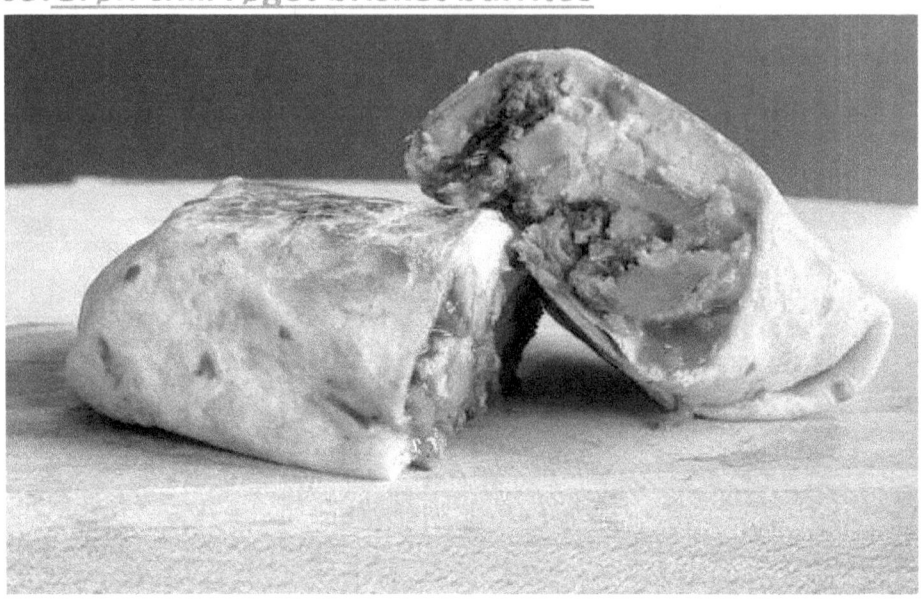

Gør: 16 portioner

INGREDIENSER:
- 10 ounce Grøn chili; i tern
- 1 pint Kentucky Fried Chicken sauce
- 1 stor peberfrugt; hakket
- 1 stort løg; hakket
- 1 kop god salsa
- 1½ pund røget oksebryst; strimlet
- 1 spsk hvidløg; pulver
- Salt efter smag
- 16 store meltortillas
- 1 pund Monterey Jack ost; strimlet

INSTRUKTIONER:
a) Sautér peberfrugt, løg og grøn chili i en stor gryde eller hollandsk ovn med hvidløgspulver i cirka 3 spsk olie.
b) Når løg og peberfrugt er møre, tilsæt bryst, salsa og sovs.
c) Kog ved lav varme i 30 minutter, rør af og til. Prøv ofte.
d) Hæld kødblanding og ost på meltortilla og pakk ind.

66. Camp Burritos

INGREDIENSER:
- 1 lb stødt mørbrad
- 1 kop revet cheddarost
- 1 4 oz dåse salsa
- 10 store burrito størrelse mel tortillas, eller flere, hvis mindre størrelse
- 1 tsk stødt spidskommen
- 1/4 tsk hver sort peber og salt
- 1 10 oz pkg frossen spinat

INSTRUKTIONER:
a) Brun den stødte mørbrad i en stor stegepande.
b) Tilsæt malet spidskommen, salt, peber og salsaen. Spinaten skal tøs op, du skal bare dræne eventuel væske fra den så godt du kan.
c) Tilsæt spinaten og varm igennem.
d) Opvarm imens tortillaerne på en flad bageplade eller stegepande. Fyld tortillas med kødblanding, top med revet ost og rul sammen. God fornøjelse!

67. Club burrito

Gør: 1 sandwich

INGREDIENSER:
- 1 skive Deli-Style Tyrkiet
- 1 skive Deli-Style Skinke
- 1 skive schweizerost
- 1 blødt mel tortilla
- Strimlet salat
- Spirer

INSTRUKTIONER:
a) Læg tortilla, ost, skinke og kalkun i lag med tortillaen udenpå.
b) Læg lidt salat og spirer i midten. Tilføj eventuelt andre grøntsager. Rul, og fastgør med en tandstik.

68.Ovnsprøde burritos med revet svinekød

Gør: 8 portioner

INGREDIENSER:
- 1½ pund magert svinekød; i 2-tommer bidder
- 3 kopper varmt vand
- 3 spsk destilleret hvid eddike
- ¼ kop grøn chilipeber; fint hakket
- 1 fed hvidløg
- ½ tsk tørret oregano; smuldrede
- ½ tsk stødt spidskommen
- Salt
- 8 mel tortillas; hver 8 tommer i diameter
- ¼ kop usaltet smør; smeltet ELLER margarine
- 2 kopper Cheddar ost; revet, eller Monterey jack ost
- 1 kop tyk creme fraiche; (8 ounce)
- Skåle med salsa og guacamole

INSTRUKTIONER:

a) Brun svinekødet på alle sider i en stor, tør stegepande over medium-høj varme, 8 til 10 minutter. Tilsæt det varme vand, rør i grydens bund for at løsne eventuelle brunede stykker, og bring det i kog. Skru ned for varmen, læg låg på og lad det simre, indtil kødet er mørt, cirka 1¼ time.

b) Forvarm en ovn til 450F. Afdæk bradepanden, hæv varmen til høj og kog op for at fordampe alt vandet. Reducer varmen til medium og tilsæt eddike, chili, hvidløg, oregano og spidskommen. Rør godt rundt og tag af varmen. Lad køle helt af. Brug fingrene eller 2 gafler til at rive kødet.

c) Smag til med salt.

d) Pensl begge sider af hver tortilla med smeltet smør eller margarine. Placer en lige stor mængde af svinekødsblandingen på midten af hver tortilla. Fold siderne ind, overlapp dem, og fold derefter enderne over for at hvile oven på sømmen.

e) Læg sømsiden nedad på en bageplade.

f) Bages til de er gyldne, 8 til 10 minutter. Server straks. Kom med ost, fløde, salsa og guacamole i separate skåle på siden til ske ovenpå.

69. Krydret burrito bonanza

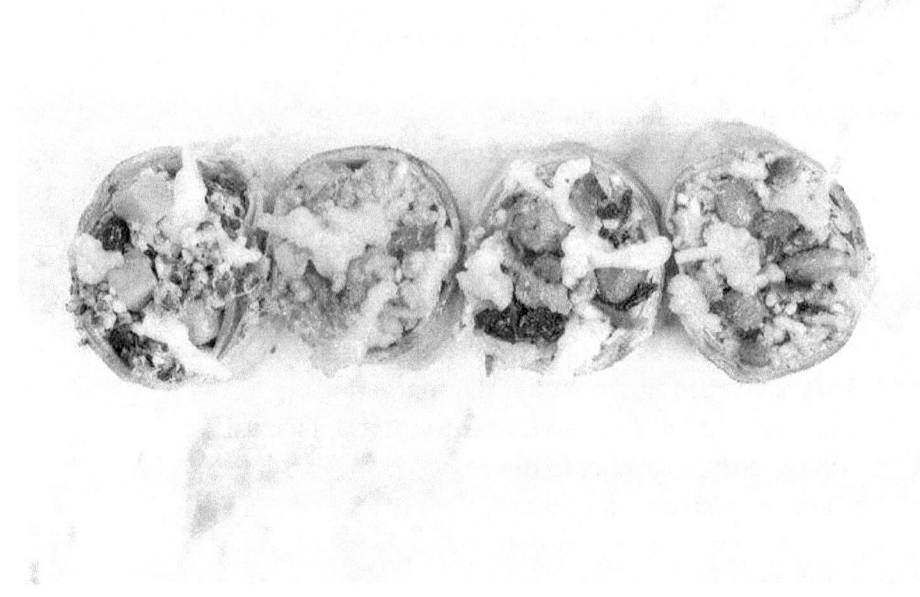

Gør: 6 portioner

INGREDIENSER:
- ½ pund hakket oksekød
- ½ pund krydret svinepølse
- 1 mellemstor tomat; hakket
- ¼ kop grønne løg i tynde skiver
- 1½ tsk chilipulver
- ½ tsk hvidløgspulver
- 1 8 oz dåse refried bønner
- 6 mel tortillas; opvarmet
- 1½ kop revet Monterey jack ost
- Strimlet salat

INSTRUKTIONER:
a) I stor stegepande, brun hakket oksekød og pølse; dræne. Tilsæt tomat, grønne løg, chilipulver og hvidløgspulver; blandes godt.
b) Bring i kog; reducer varmen og lad det simre uden låg i 10 minutter. Tilføj refried bønner; varme 5 minutter.
c) Fordel ½ kop kødblanding på hver varm tortilla. Top med et drys ost og salat. Fold siderne ind og rul for at omslutte fyldet.

70.Thai svinekød burritos

Gør: 4 portioner

INGREDIENSER:
- 1 pund magert hakket svinekød
- 2 spsk revet frisk ingefærrod
- 1 fed hvidløg, knust
- 1 lille løg, skåret i tynde skiver
- 2 kopper Cole slaw mix m/gulerødder
- 1 tsk sesamolie
- 3 spsk sojasovs
- 2 spsk limesaft
- 1 spsk honning
- 2 tsk stødt koriander
- ½ tsk knust rød peber
- 4 meltortillas, opvarmede
- Frisk koriander, hakket

INSTRUKTIONER:
a) Varm en stor nonstick-gryde op over høj varme. Tilsæt svinekød, kog, smuldr og rør, indtil svinekødet ikke længere er lyserødt, cirka 3 til 4 minutter.
b) Tilsæt ingefær, hvidløg, løg og coleslaw mix og steg med svinekød i 2 minutter, indtil grøntsagerne er visne.
c) Bland alle de resterende ingredienser undtagen tortillas i en lille skål og tilsæt til stegepanden. Rør konstant for at blande alle ingredienser godt, cirka et minut.
d) Hæld lige store portioner af blandingen på varme meltortillas, rul sammen for at omslutte fyldet og server.

71. Æbleburritos med cidersmørsauce

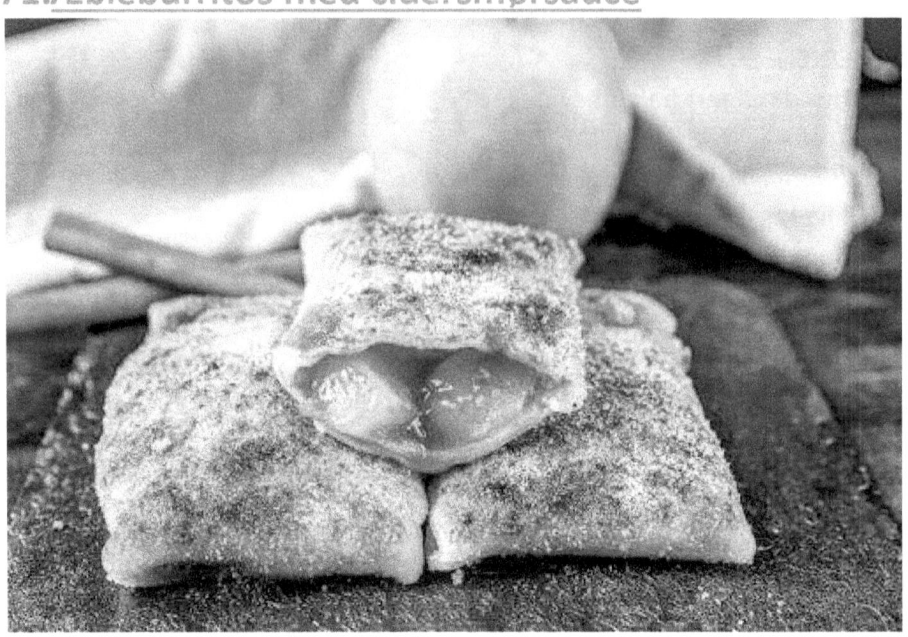

Gør: 12 portioner

INGREDIENSER:
- 12 Granny Smith æbler - eller en hvilken som helst syrlig variant
- 1 citron
- 4 spsk Smør
- ½ kop granuleret hvidt sukker
- Frisk malet muskatnød
- 1 Porre
- 1 kanelstang; (1/2-tommer stykke)
- 1 liter æblecider
- 1 pund smør
- 1 Porre
- 12 mel tortillas; (8 tommer)
- 2 spsk Smør
- Flødeskum; valgfri

INSTRUKTIONER:
a) Til fyldet, skræl og udkern æbler og skær dem i 1-tommers stykker. Pres saft fra citron. Smelt smørret i en stor, ikke-reaktiv gryde. Tilsæt æbler, citronsaft, sukker og muskatnød efter smag og kog over medium varme, under omrøring af og til, indtil æblerne er bløde, men ikke grødet, cirka 15 minutter.
b) Til cidersmørsauce skæres begge porrer til saucen og til pynt i tynde julienne-strimler, og reserver ½ til pynt. Bræk kanelstangen i stykker. Kom cider, ½ porre og kanelstang i en gryde, bring det i kog, og reducer med ⅔, cirka 20 minutter. Fjern kanelstang.
c) Forvarm ovnen til 3500F. Pak tortillas ind i folie og varm i forvarmet ovn, cirka 10 minutter. Varm æblefyld og sauce op igen.
d) Smelt de 2 spsk smør i en stegepande og svits den resterende porre ved middel varme under omrøring, til den er blød, cirka 3 minutter. Over den lavest mulige varme, tilsæt 1 pund koldt smør til saucen, cirka en spiseskefuld ad gangen, og tilsæt endnu et stykke, efterhånden som hver af dem næsten er inkorporeret.
e) Smør skal ikke smelte helt, men bør blødgøres til en cremet sauce.
f) Hvis saucen bliver for varm, og smør begynder at smelte, skal du fjerne det fra varmen og fortsætte med at tilføje smør.
g) Kom en lige stor mængde æblefyld på hver tortilla og rul den sammen. Læg en burrito på hver tallerken. Top med cidersmørsauce og drys med sauteret porre. Top med en klat flødeskum, hvis du har lyst.

72.Banan burrito

Gør: 1 portioner

INGREDIENSER:
- 1 6 tommer mel tortilla
- 1 spsk cremet jordnøddesmør
- 2 teskefulde hindbærpålæg
- 1 tsk revet kokosnød
- ½ mellemstor banan

INSTRUKTIONER:
a) Læg tortilla på en flad overflade; fordel jævnt med jordnøddesmør og hindbærspredning.
b) Drys eventuelt med kokos. 2. Placer banan på kanten af tortilla; rulle op for at omslutte. Pak løst ind i køkkenrulle.
c) Mikrobølgeovn på høj 35 sekunder.

73. Frugt morgenmad Burrito

Gør: 1

INGREDIENSER:
- 1 tortilla eller wrap
- 3-4 spsk valgfri yoghurt
- 1 spsk honning eller agave, valgfrit
- Valgfri frugt

INSTRUKTIONER:
a) Forbered din frugt ved at skrælle og skære relativt tynde.
b) Fordel yoghurt på tortilla/wrap, pas på ikke at række helt ud til kanterne.
c) Arranger frugt på yoghurt. Dryp sødemiddel, hvis du bruger. Rul op. Skær i halve og server/spis med det samme.

74. Grillet havkat burrito

Gør: 1 portioner

INGREDIENSER:
- Havkatfileter
- Allegros marinade
- Ris; lavede mad
- Sorte bønner; kogt med løg og hvidløg
- Mel tortillas
- Rød peber; fint skåret i tern
- spidskål; fint skåret i tern
- Parmesanost eller Romano ost; frisk revet

INSTRUKTIONER:
a) Mariner havkatfileter og grill til de er færdige.
b) Bland lidt ris og bønner sammen og fordel som bund på tortilla.
c) Læg burritoen i lag med havkat, derefter peber og spidskål, efterfulgt af en generøs drysning af ost.
d) Pak tortillaen ind, læg den derefter i en varm, let smurt stegepande ved lav varme og læg låg på i 5 til 10 minutter.

75. Sprøde Tilapia Fish Burritos

Giver: 2 portioner

INGREDIENSER:
- 2 spsk mayonnaise
- ¼ kop creme fraiche (delt)
- ½ medium lime (saftpresset)
- 2 tsk varm sauce
- 1 fed hvidløg (knust)
- ¼ tsk salt

CHIMICHURRI SLAW
- 1½ kopper revet kål
- 1 mellemstor avocado (i tern)
- 2 spsk rødløg
- 2 spsk hakket koriander
- ½ lime (saftet)
- ¼ tsk salt
- 3 spsk chimichurri (opskrift)

andre ingredienser
- 2 panerede sprøde tilapiafileter
- 2 store mel tortillas
- ½ kop revet cheddarost

INSTRUKTIONER
LAVE CHIMICHURRI-SAUCE
a) Begynd med at tilberede Chimichurri-sauce. Lav enten ½ opskrift eller lav hele opskriften og brug den resterende chimichurri sauce over grillet kylling, lammekoteletter eller bøffer.

FORBERED KRYDRET LIME CREMA
b) Sæt to spiseskefulde creme fraiche til side til at hælde på tortillaerne. Bland de resterende Crema-ingredienser i en lille skål, indtil de er grundigt kombineret. Overfør til en klemflaske og opbevar i køleskabet indtil det skal bruges. Saucen kan fortyndes med en lille smule vand eller fløde evt.

LAVE CHIMICHURRI SLAW
c) Riv eller skær kål i skiver og tilsæt i en skål. Top med avocado i tern, hakket løg og koriander. Tilsæt saften af halvdelen af en lime, salt og Chimichurri sauce. Bland forsigtigt for at blande smagene.

KAG TILAPIAEN

d) Beklæd en bageplade med folie og spray med non-stick madlavningsspray. Læg de frosne fileter på bakken og sprøjt let med olie. Bages efter pakkens anvisninger.

e) Alternativt kan du prøve at grille, stege eller luftstege fisken. Hvis du vælger at stege fisken, skal du sørge for at dræne den på køkkenrulle efter stegning.

SAMLER BURRITOS

f) Lun og forkul en meltortilla lidt over blusset på begge sider. Dette opfrisker ikke kun tortillaen, men det gør den mere smidig og forbedrer smagen.

g) Top hver tortilla med en spiseskefuld creme fraiche, og del derefter chimichurri-slaw, fiskefileter, revet ost, crema og salsa mellem de to burritoer.

h) Fold siderne ind over fyldet, og fold derefter bunden over fyldet, mens du ruller sammen for at omslutte ingredienserne helt.

i) Nyd med nogle krydrede mexicanske syltede gulerødder, ristet salsa og chips.

76.Abrikos burritos

Gør: 20 portioner

INGREDIENSER:
- 8 oz tørrede abrikoser, skåret i stykker
- 1 c vand
- ¼ c granuleret sukker
- ¼ c brun farin -- pakket
- ¼ tsk kanel
- ¼ tsk muskatnød
- 20 6 tommer tortillas

INSTRUKTIONER:
a) Bring de første 6 ingredienser i kog.
b) Lad det simre uden låg i 10 minutter, eller indtil frugten er mør og blandingen tyknet.
c) Placer 1 spiseskefuld blanding på den ene kant af tortilla. Rul op.
d) Steg i varm olie, indtil de er gyldenbrune, vend én gang. Dræne.
e) Serveres varm eller kold.

77.Baby bønne burritos

Giver: 24 portioner

INGREDIENSER:
- 12 (6-tommer) mel tortillas
- 1 mellemstor løg; hakket
- 1 spsk vegetabilsk olie
- 2 fed hvidløg; hakket
- 1 frisk jalapenopeber
- 1 dåse mexicanske refried bønner
- 1 kop vegansk Monterey Jack ost
- ½ tsk stødt spidskommen
- Creme fraiche og salsa

INSTRUKTIONER:

a) Forvarm ovnen til 325 grader. Stable tortillas og skær i halve. Pak tortillastak ind i folie og varm op, indtil den er gennemvarmet, 10 til 15 minutter.

b) I mellemtiden, i en stor stegepande, steg løg i olie over medium-høj varme, indtil det er blødt, men ikke brunet, 2 til 3 minutter. Tilsæt hvidløg og jalapenopeber og kog indtil hvidløg lige er duftende, cirka 30 sekunder.

c) Fordel ca. 1-½ spsk bønneblanding på hver tortilla-halvdel og rul gelé-rulle op.

d) Anret på en tallerken og drys med koriander. Serveres lun med creme fraiche og salsa.

78.Banan burrito

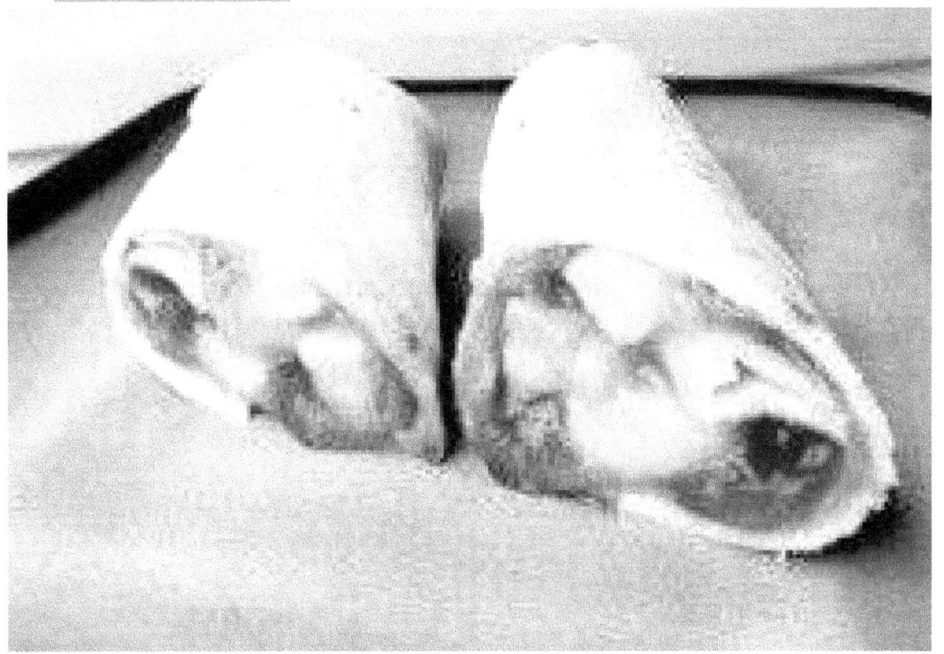

Gør: 1 portion
INGREDIENSER:
- 1 6" mel tortilla
- 1 spsk cremet jordnøddesmør
- 2 teskefulde hindbærpålæg
- 1 tsk revet kokosnød
- ½ mellemstor banan

INSTRUKTIONER:
a) Læg tortilla på en flad overflade; fordel jævnt med jordnøddesmør og hindbærspredning. Drys eventuelt med kokos.
b) Placer banan på kanten af tortilla; rulle op for at omslutte. Pak løst ind i køkkenrulle.
c) Mikrobølgeovn på høj 35 sekunder

79. Bønne- og risburritos

INGREDIENSER:

- 1 dåse Pinto bønner, 16 oz vandland
- 1 kop brune ris; lavede mad
- ½ kop løg; frosset, hakket
- ½ kop Gr. peberfrugt; frosset, hakket
- ½ kop majs; Frosset
- Chili pulver; bindestreg
- Salat, hakket
- 1 bundt spidskål; hakket
- Spidskommen; bindestreg
- Hvidløgs pulver; bindestreg
- Salsa, oliefri, lavt natriumindhold
- 10 tortillas, fuld hvede
- 1 tomat; hakket

INSTRUKTIONER:

a) Svits de frosne løg og grønne peberfrugter i et par spiseskefulde vand i en stegepande. Dræn og skyl bønnerne og læg dem i en stegepande og mos dem med en kartoffelmoser.
b) Tilsæt de kogte ris, majs, krydderier og vand.
c) Varm tortillaerne hurtigt op. Placer en linje af bønneblanding ned i midten af hver tortilla; tilsæt en teskefuld salsa og enhver af de andre toppings efter ønske.
d) Fold ½ tomme op på hver side, stik den øverste kant ind og rul til en burrito.
e) Server med det samme, toppet med yderligere salsa, hvis det ønskes.

80. Bønner og tvp burritos

Gør: 10 portioner

INGREDIENSER:
- 10 (10") tortillas
- 1 kop tørrede pinto bønner, udblødte
- 1 laurbærblad
- 3 fed hvidløg, hakket
- ½ kop TVP granulat eller flager
- 2 tsk chilipulver
- 1 tsk Spidskommen
- 1 tsk salt
- ½ tsk oregano
- 1 spsk Olivenolie
- 1 kop løg, hakket

INSTRUKTIONER:
a) Kombiner TVP, varmt vand, varm bønnevæske, chilipulver, spidskommen, salt og oregano.
b) Svits løget i olivenolien i en god størrelse pande, indtil det er blødt.
c) Tilsæt den krydrede TVP og kog et par minutter mere. Rør de kogte bønner i,
d) For at samle: opvarm en bageplade eller stegepande, indtil et par dråber vand danser på overfladen.
e) Tørsteg hver tortilla på begge sider, indtil overfladen af tortillaen begynder at boble og brunes lidt. Hold dem varme i et tykt håndklæde.
f) Når det hele er opvarmet, læg cirka ⅓ kop fyld ned ad den ene side af en tortilla og rul sammen.

81.Cherry burritos

Gør: 6 portioner

INGREDIENSER:
- 6 Mel (6-tommer) tortillas
- 1 pakke sukkerfri vaniljebuddingblanding
- ¾ kop vand
- 1½ kop Kirsebær; ikke tilsat sukker
- 2 dråber rød madfarve (op til 3)
- ½ tsk mandelekstrakt
- 1 tsk kanel
- 1 spsk pulveriseret sukker

INSTRUKTIONER:
a) Forvarm ovnen til 350 F. Kombiner buddingblanding, vand og kirsebær i en mellemstor gryde
b) Kog over medium varme, indtil den er tyk. Tilsæt rød madfarve og mandelekstrakt. Bland godt for at kombinere. Fjern fra varmen. Spray en stor bageplade eller gelérullepande med madlavningsspray med smørsmag.
c) Fordel kirsebærfyldet jævnt og læg i midten af hver tortilla. Fold den ene kant over fyldet; rul stramt til modsatte side. Læg sømsiden nedad på bagepapir.
d) Spray toppen af hver med smørspray. Drys med kanel.
e) Bages 10-12 min.

82.Butternut burrito

Gør: 3 portioner

INGREDIENSER:
- 1 Butternut squash; kogt & moset
- 1 rødløg; hakket
- 4 fed hvidløg; hakket fint
- 1 spsk Chile pulver
- 1 spsk oregano
- 1 spsk Spidskommen
- 1 tsk Tamari sojasauce
- 6 tortillas
- 1 dåse Enchiladasauce; rød eller grøn

INSTRUKTIONER:
a) Forvarm ovnen til 350 F.
b) Svits løg og hvidløg i lidt olie til det er gennemsigtigt
c) Tilsæt moset squash og krydderurter.
d) Bland og kog ved svag varme, indtil smagene blander sig. Tilføj flere krydderurter efter smag.
e) Fyld tortillas med blanding og rul. Dæk Chilesauce og bag i 30 min.

83. Cilantrito

Gør: 30 portioner

INGREDIENSER:
- ½ pund tør sort bønne
- ½ pund tørre pinto bønner
- ½ pund tørre kidneybønner
- 30 tortillaskaller
- 10 spidskål; hakket
- ¾ pund Svampe; hakket
- 2 Cubanelle peberfrugter; hakket
- ½ pakke Fuldkorns couscous
- Habanero-baseret varm sauce
- Citronsaft
- Rød peberpasta eller tabasco
- Koriander
- 1 spsk Habanero sauce
- 2 spsk rød peberpasta
- 1 spsk Spidskommen
- 1 spsk citronsaft
- 1 spsk Smør

INSTRUKTIONER:
a) Udblød bønner. Tilsæt habanerosauce, rød peberpasta, spidskommen og citronsaft. Til en stor teflongryde tilføjes: tilsæt 1 spsk smør. Varm, og kog derefter svampe og cubaneller i den.
b) Tag en tortilla; Nuke den i 35 sek.
c) Sæt nu 2-3 dyngede teskefulde bønne på en linje ⅓ vej fra den ene kant. Tilsæt 1 tsk koriander, spidskål, svampe og 1 spsk. couscous. Rul én gang om, fold kanterne om, rul færdig.

84. Majs & ris burritos

Gør: 4 portioner

INGREDIENSER:
- 4 ounce kogte ris
- 16 ounce sorte bønner på dåse
- 15 ounces dåse hele kernel majs
- 4 ounce hakket mild grøn chili
- ⅔ kop strimlet Monterey Jack
- ¼ kop hakket frisk koriander
- 8 mel tortillas; (6 til 7 tommer)
- 12 ounce Mild salsa; fedtfri

INSTRUKTIONER:
a) Forvarm ovnen til 425 grader F. Forbered ris som etiketten anviser.
b) I mellemtiden kombinerer du sorte bønner, majs, chili, ost og koriander i en stor skål.
c) Når risene er færdige, røres i bønneblandingen. Skeen afrundet ½ kop risblanding langs midten af hver tortilla.
d) Kom 1 spsk salsa ovenpå risfyldet. Fold siderne af tortilla over fyldet, overlappende lidt.
e) Spray 13" x 9" glas- eller keramisk bradepande med nonstick-spray. Læg burritos med sømsiden nedad i fadet.
f) Spoon enhver resterende risblanding i en række ned i midten af burritos; top ris med resterende salsa.

85. Fiesta bønne burrito

Gør: 1 portion

INGREDIENSER:
- ½ kop vegetariske bønner
- 1 spsk Salsa
- 1 tsk hakket koriander, valgfrit
- 1 Fuldkornstortilla

INSTRUKTIONER:
a) Fordel bønnerne over tortillaen. Drys de resterende ingredienser på.
b) Opvarm i mikrobølgeovn, indtil den er varm, cirka 40 sekunder
c) Rul tortilla og blanding til en burrito.

86. Fryser burritos

Giver: 1 portion

INGREDIENSER:
- 2 dåser sorte bønner
- 2 3 kopper kogte ris (din
- Yndlings slags)
- 1 stort løg
- 3 til 4 fed hvidløg
- Tørret basilikum, spidskommen, chili
- 1 pakke Mel tortillas, burrito
- 1 lille dåse tomatsauce

INSTRUKTIONER:

a) Sauter løg og hvidløg i din foretrukne oliesub (jeg kan godt lide at bruge balsamicoeddike eller madlavningssherry).

b) Når løget er blødt, tilsæt krydderier (beklager ingen mål, jeg smider bare det der ser godt ud), kog et par minutter mere og fjern fra varmen.

c) I en stor skål, dump 1 dåse bønner med juice, dræn den anden dåse og tilsæt derefter bønnerne i skålen. Tilsæt dåsen med tomatsauce. Mos bønnerne til det meste er moset.

d) Tilsæt kogte ris og løgblanding. Rør grundigt. Rul burritos sammen, frys. Disse laver gode snacks, frokost eller aftensmad med en salat, og jeg elsker dem til morgenmad.

87.Jiffy mexicanske burritos

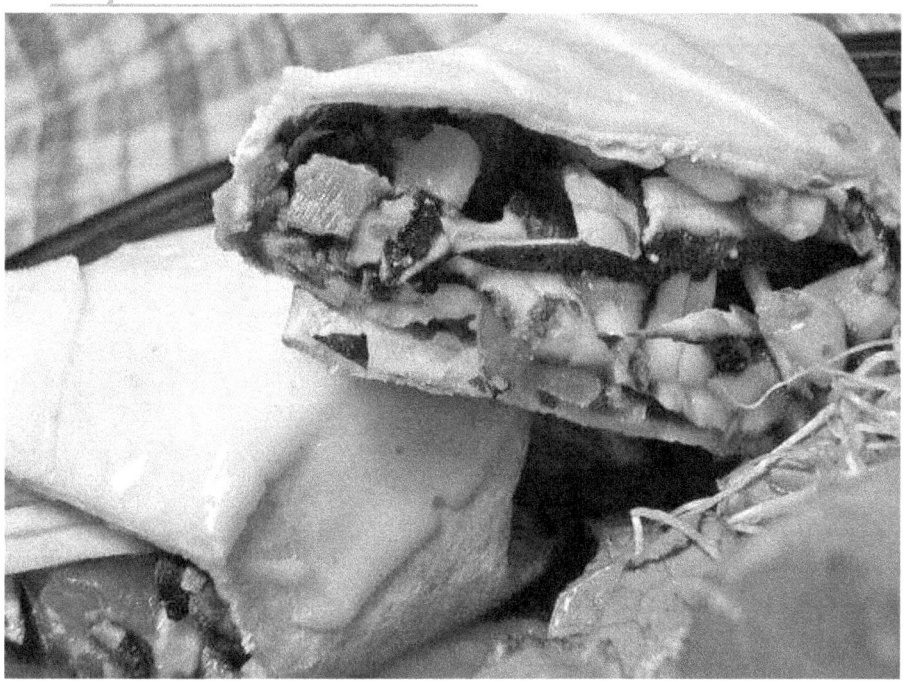

Gør: 4 portioner

INGREDIENSER:
- 16 ounce fedtfri refried bønner
- ⅓ kop salsa; eller vand
- 4 9 tommer mel tortillas
- 1 mellemstor hakket tomat
- 4 små grønne løg; hakket
- ½ grøn peberfrugt; hakket
- 1 kop vegansk mozzarellaost
- Strimlet salat
- Salsa; eller taco sauce
- Fedtfattig creme fraiche; valgfri

INSTRUKTIONER:
a) Kombiner bønner og salsa eller vand. Bland godt. Fordel ca. ⅓ kop af bønneblandingen tyndt over hver tortilla, efterlad en 1-tommers kant.
b) Drys tomat, grønne løg, grøn peber og halvdelen af osten over tortillas.
c) Rul hver tortilla og læg den med sømsiden nedad i et let smurt ovnfast fad.
d) Bag i en 400F ovn i 10 minutter.
e) Drys med den resterende ost; bages i 5 minutter længere, eller indtil den er gennemvarmet og osten smelter. Eller dæk med vokspapir og mikroovn på medium-høj (70 procent) effekt i 2 til 4 minutter eller indtil gennemvarmet.
f) Server burritos på revet salat. Passer salsa eller taco sauce og creme fraiche (eller yoghurt) separat.

88. Matzo burrito gryderet

Gør: 4 portioner

INGREDIENSER:
- Salsa
- Fedtfri refried bønner
- Matzos
- Røde og grønne peberfrugter
- Grøn chili

INSTRUKTIONER:
a) Forvarm ovnen til 350 grader. I en firkantet ildfast fad fordeles lidt salsa på bunden af gryden for at forhindre, at matzoen sætter sig fast.
b) Fordel FF refried beans ovenpå nok matzos til at dække (et lag) bunden af fadet. Jeg lagde så et lag røde og grønne peberfrugter og derefter endnu et lag matzo med refried beans. Oveni lagde jeg et lag grønne chili, endnu en matzo og lidt salsa og tofu ovenpå. Bages i ovnen i cirka 15 minutter.
c) Matzoerne bløder op som tortillas, og det sparer meget godt.

89. Mikrobølgebønneburritos

INGREDIENSER:
- 2 teskefulde vegetabilsk olie
- 1 lille løg, fint hakket
- 1 lille Jalapeno peber, frøet
- 1 fed hvidløg, hakket
- ¼ teskefuld stødt spidskommen
- ¼ teskefuld tørret oregano
- ¼ teskefuld chilipulver
- 1 knivspids malede korianderfrø
- 16 ounce sorte bønner, skyllet
- ½ avocado, udstenet, skrællet, skåret i tern
- 1 blommetomat i tern
- 1 spidskål, hakket
- 1 spsk hakket frisk koriander
- 2 teskefulde frisk limesaft
- 1 knivspids revet limeskal
- 4 meltortillas, opvarmede

INSTRUKTIONER:

a) Rør olie, løg, jalapeno og hvidløg sammen i 9-tommers glastærteplade. Mikrobølgeovn på HØJ effekt 1 minut. Rør spidskommen, oregano, chilipulver og malet koriander i; mikroovn, tildækket og udluftet, 1 minut. Rør bønner og vand i; mikroovn, tildækket og udluftet, 2 minutter.

b) Kom avocado, tomat, spidskål, frisk koriander, limesaft og skal i en lille skål. Smag salsaen til med salt og peber

90.Blandet grøntsagsburrito

INGREDIENSER:
- 1 stor kartoffel - i tern
- 2 små Zucchini - hakket
- 2 små gule squash -- hakket
- 10 ounce frosset majs
- 3 Peberfrugt
- 1 stor tomat - hakket
- 1 lille rødløg - hakket
- 3 spiseskefulde koriander - hakket
- 1 kop creme fraiche, lys
- 1 tsk chilipulver
- 12 ounce Vegansk Monterey jack ost
- 4 mel tortillas
- 1 Avocado skiver

INSTRUKTIONER:

a) Bring vandet i kog i en overdækket gryde ved høj varme. Tilsæt kartofler, zucchini, gul squash, majs og peberfrugt. Bring det i kog og kog uden låg i cirka 4 minutter, indtil kartoflerne er lige møre.

b) Afdryp og vend i en skål. Tilsæt tomat, løg, koriander, cremefraiche, chilipulver, salt, peber og ½ af osten. Kast forsigtigt.

c) Arranger tortillaerne i et enkelt lag på bageplader beklædt med bagepapir. Hæld ¼ af fyldet i midten af hver tortilla.

d) Fold og bag ca. 15 minutter, indtil osten er smeltet.

91. Mojo sorte bønner burritos

Gør: 1 portion

INGREDIENSER:
- 2 store mel tortillas
- 1 kop fedtfattige ristede sorte bønner
- 1 sød kartoffel
- ½ kop frosne sukkermajs
- 4 ounces Tempeh
- 4 6 spiseskefulde tacosauce

INSTRUKTIONER:

a) Skræl og skær sød kartoffel i små mundrette stykker. Skær Tempeh i små mundrette stykker. Damp Tempeh og kartoffeltern i 10-15 minutter, indtil de er møre.

b) Ca. 2 minutter før de er færdige, tilsæt majs (du skal bruge en damperkurv med små huller).

c) Varm i mellemtiden tortillas i ovnen. Spred hver med ½ sorte bønner. Når Tempeh, sød kartoffel og majs er færdig, tilsæt ½ af blandingen til hver burrito, og tilsæt derefter ½ tacosauce til hver. Rul sammen og server.

d) Disse gør store frokoster; du kan pakke dem tæt ind i aluminiumsfolie og de holder sig hele dagen.

92.Neato burrito

Gør: 1 portion

INGREDIENSER:
- 1 mel tortilla
- 1 stor klat No Fat Refried Beans
- 1 skive fedtfri vegansk cheddar
- Salat; tomat, løg osv. til topping
- Favorit varm sauce

INSTRUKTIONER:
a) Tag en meltortilla og læg en stor klat Zesty No Fat Refries på den. Riv en skive fedtfri cheddar op og læg den ovenpå.
b) Opvarm i 2 minutter i mikrobølgeovnen
c) Top med dine yndlingsrå ting (salat, tomat, løg osv.) og din yndlings hot sauce.

93. Pepita grøntsagsburritos

INGREDIENSER:

- 1 Græskarkernesauce
- 1 kop hakket broccoli
- 1 Med løg, finthakket
- 2 fed hvidløg, finthakket
- 2 spsk olie
- 1 kop 2x1/4-tommer strimler gul squash
- 1 kop 2x1/4-tommer strimler zucchini
- ½ kop finthakket rød peberfrugt
- ¼ kop afskallede græskarkerner, ristede
- 1 spsk citronsaft
- 1 tsk stødt rød chili
- ¼ tsk salt
- ¼ teskefuld stødt spidskommen
- 6 mel tortillas

INSTRUKTIONER:

a) Tilbered græskarfrøsauce. Kog broccoli, løg og hvidløg i olie i en 10-tommer stegepande, omrør ofte, indtil de er møre. Rør de resterende ingredienser i undtagen tortillas. Kog under omrøring af og til, indtil squashen er sprød, cirka 2 minutter.

b) Holde varm. Hæld ca. ½ kop grøntsagsblanding på midten af hver tortilla. Fold den ene ende af tortillaen op omkring 1 tomme over blandingen. Fold højre og venstre side over den foldede ende, overlappende. Fold den resterende ende ned. Server med græskarfrøsauce.

94. Burritos med vilde svampe

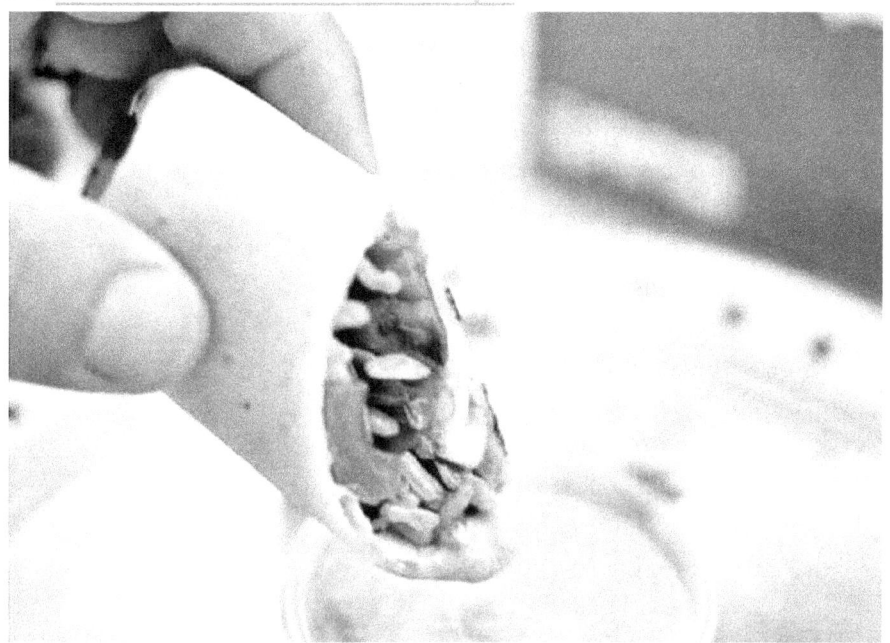

INGREDIENSER:

- 1 spsk rapsolie
- 4 ounces friske shiitake-svampe;
- 4 ounce østerssvampe; skåret i skiver
- 4 ounces Button svampe; skåret i skiver
- 1 rød peberfrugt; frøet og skåret i tern
- 2 store fed hvidløg; hakket
- 1 dåse (15 oz) sorte bønner; drænet
- 1 dåse (14 oz) majskerner; drænet
- 4 hele spidskål; trimmet & hakket
- 1 tsk stødt spidskommen
- 1 varm peber; hakket
- 1 tsk mexicansk oregano
- 6 10-tommer mel tortillas
- ¾ kop vegansk Monterey Jack ost
- 1 kop tomatsalsa; eller din favorit

INSTRUKTIONER:

a) Varm olien op ved middel varme. Tilsæt svampe, peberfrugt og hvidløg og kog under omrøring, indtil de er møre, cirka 7 minutter.

b) Rør bønner, majs, spidskål, spidskommen, peber eller chilipulver og mexicansk oregano i, og kog under omrøring i 4 til 6 minutter.

c) Lun meltortillaerne og hæld svampeblandingen ned i midten af hver tortilla.

95.Vegetarisk burritos grande

INGREDIENSER:

- ⅓ kop olivenolie
- 3 hver hvidløgsfed, hakket
- 1 spsk koriander, hakket
- ½ tsk spidskommen
- ¼ tsk Røde chiliflager, knuste
- ¼ tsk oregano
- 1 hver rød peberfrugt
- 1 hver grøn peberfrugt
- 1 hver gul peberfrugt
- 1 hver Anaheim peber
- 3 medium gul squash
- 1 stort rødløg, skåret i skiver
- 6 hver Mel tortillas
- 3 kopper sorte bønner, kogte
- ¼ kop koriander, hakket

INSTRUKTIONER:
FYLDNING:
a) Skær peberfrugt, klokke og chili sammen med squashen i halve på langs.
b) Fjern kernerne fra peberfrugterne.
c) Brug en wienerbrødsbørste til at overtrække dem med drysseolie. Grill under en slagtekylling eller på en forberedt grill.
d) Ryst og vend indtil de er møre, cirka 5 minutter på hver side.
e) Fjern fra varmen og hak den, når den er kølig nok til at håndtere.

AT SAMLE:
f) Hæld bønner lidt væk fra midten på tortilla og top med grillede grøntsager og koriander. Fold & spis.

96. Black Bean Burrito

Gør: 6

INGREDIENSER:
- 1 1/2 kop sorte bønner drænet og skyllet
- 14 oz brændte ristede tern tomater, drænet
- 1 kop tørret quinoa
- 1 tsk chipotle pulver
- 1 tsk chilipulver
- 1 tsk hvidløgspulver
- 4 spsk grøntsagsbouillon
- 1 grøn peberfrugt, udkeret og skåret i tern
- 4 oz grønne chili i tern, drænet
- 1/2 stort løg, i tern
- 1 spsk spidskommen
- 1 kop majs, drænet
- 2 kopper revet salat
- 1/4 kop koriander, løst pakket
- 6 store glutenfri mel tortillas
- 1/2 tsk salt
- Guacamole

INSTRUKTIONER:
a) Kog kornene efter anvisningen og stil dem til side.
b) Varm vand op i en gryde eller pande ved middel varme.
c) Varm vand op i en gryde eller pande ved middel varme.
d) Svits løg og peberfrugt i 5 minutter.
e) Tilsæt tomater, grønne chili eller jalapeno, spidskommen, chilipulver, hvidløgspulver og salt.
f) Kog i yderligere 4 til 5 minutter under jævnlig omrøring.
g) Kog i et par minutter, indtil de sorte bønner og majs er varmet. Tilsæt koriander og bland godt.
h) Placer tortilla wrap på en flad overflade i midten, efterlad et par centimeter i hver ende, og lag med ½ kop sorte bønneblanding, revet salat, guacamole og ½ kop ris.
i) Fold hver af enderne ind mod midten, mens du holder flapperne nede, og rul derefter kanterne nærmest dig op og over.
j) Server med dit valg af krydderier.

97.Tofu burrito

INGREDIENSER:
- 1 12-ounce bundt fast eller ekstra fast tofu.
- 1 tsk olie (eller 1 spsk (15 ml) vand).
- 3 fed hvidløg (hakket).
- 1 spsk hummus (købt eller gør det selv).
- ½ tsk chilipulver.
- ½ tsk spidskommen.
- 1 tsk diætgær.
- ¼ teskefulde havsalt.
- 1 knivspids cayennepeber.
- ¼ kop hakket persille.
- Grøntsager:

INSTRUKTIONER:

a) Forvarm ovnen til 400 ° F (204 ° C) og beklæd en bageplade med bagepapir.

b) Tilsæt kartofler og rød peber til bagepladen, dryp med olie (eller vand) og krydderier, og vend sammen. Bages i 15-22 minutter eller indtil gaffelmøre og lidt brunede. Medtag grønkål i de sidste 5 minutter.

c) Varm i mellemtiden en stor stegepande op over middel varme. Så snart det er varmt, tilsæt olie (eller vand), hvidløg og tofu og sauter i 7-10 minutter, under omrøring ofte, til det bliver let brunt.

d) I mellemtiden, til en lille blendeskål, skal du inkludere hummus, chilipulver, spidskommen, ernæringsgær, salt og cayenne (valgfrit). Fortsæt med at tilføje vand indtil dannelsen af en hældbar sauce. Tilsæt krydderiblandingen til tofuen og fortsæt med at koge ved middel varme, indtil den er let brunet - 3-5 minutter.

e) Inkluder generøse portioner af de ristede grøntsager, krypteret tofu, avocado, koriander og en smule salsa. Fortsæt til alt pynt er brugt op – cirka 3-4 store burritos.

98. Sprøde grøntsags burrito banditos

Gør: 1 portioner

INGREDIENSER:
- ½ kop revne gulerødder
- ½ kop hakket broccoli
- ½ kop hakket blomkål
- 2 grønne løg, skåret i tynde skiver
- 4 ounces revet fedtfattig cheddarost
- ¼ kop fedtfri ranch salatdressing
- ½ tsk chilipulver
- 4 Mel; (7-tommer) tortillas
- 1 kop revet isbjergsalat; bidstore stykker

INSTRUKTIONER:
a) I en røreskål kombineres gulerødder, broccoli, blomkål og løg med ost, dressing og chilipulver.
b) Læg tortillas fladt på bordet og hæld ca. ½ kop grøntsagsblanding og ¼ kop salat ned i midten.
c) Pak hver tortilla rundt om grøntsagsblandingen.

99.Grøntsagssalat burritos

Gør: 4 portioner

INGREDIENSER:
- 1 stor moden tomat; skæres i 1/2 tomme terninger
- 1 lille skrællet agurk med frø; skæres i 1/2 tomme terninger
- 1 lille Avocado; skæres i 1/2 tomme terninger
- 1 Serrano chili; frøet & hakket
- 2 spsk grofthakket koriander
- 2 spsk Friskpresset limesaft
- 1 spsk vegansk mayonnaise
- Salt og friskkværnet peber
- 4 Seks-tommer mel tortillas

INSTRUKTIONER:
a) Kombiner tomat, agurk, avocado, chili, koriander, limesaft og mayonnaise i en mellemstor skål. Smag til med salt og peber.
b) Fordel blandingen mellem de fire tortillas; Rul op. Skær hver tortilla i halve.
c) Server med Chile-gnidet laks og sorte bønner og majs.

100.Krydret chili burritos

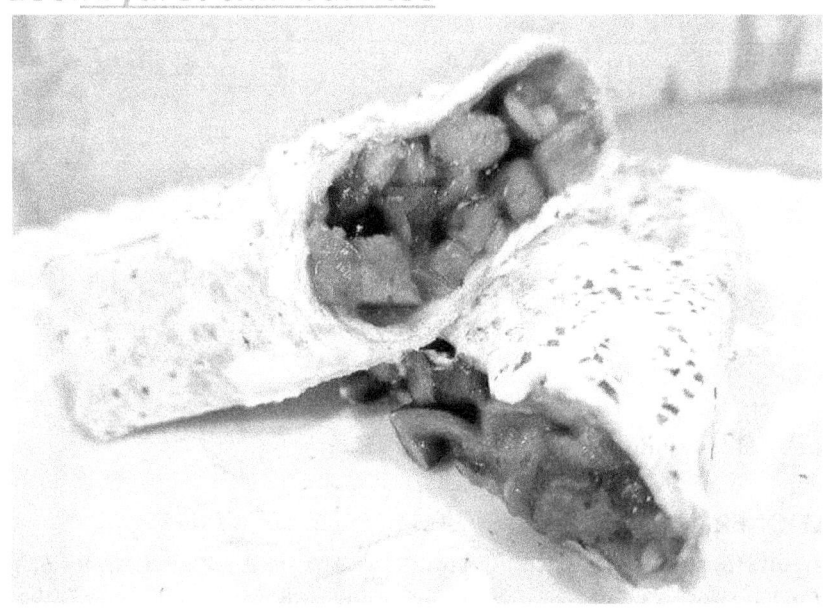

Gør: 3 store tortillas

INGREDIENSER:
- 300 g bønner i chilisauce
- 150 g Seitan eller Tofu
- 1 rødløg
- 2 rødglødende chilipeber
- 2 spsk creme fraiche
- Et par dråber varm sauce
- Dash balsamicoeddike
- Salt og peber
- Tørret persille som pynt
- Olie eller smør (valgfrit)

INSTRUKTIONER

a) Skær seitanen (anbefales) eller tofuen i tern. Skær løg og chili i små stykker. Opvarm eventuelt bønnerne i en mikrobølgeovn, men det er ikke nødvendigt.

b) Beklæd en pande med et skvæt balsamicoeddike, olie eller smør. Kom seitan-terningerne i og kog til de er bløde. Med hensyn til grøntsagerne foretrækker jeg friske, men du kan selvfølgelig også sautere dem, for at bløde dem lidt op.

c) Bland seitan-terningerne med bønner, løg og chili for at lave fyldet. Smag til med salt og peber, lidt persille samt varm sauce efter smag.

d) Læg fyld i midten af en tortilla. Stik den ene side over og under ingredienserne, læg siderne ind, og rul derefter til en burrito-form.

e) Rist burritoerne, indtil de er gyldenbrune på hver side. Jeg anbefaler at gøre det en efter en, især hvis du har en mindre pande. Du kan tilføje lidt olie eller smør til panden, hvis du foretrækker det, for at gøre den lidt sprødere og mere smagfuld.

f) Pynt med creme fraiche og tørret persille. Nyd dit måltid!

KONKLUSION

Når vores rejse gennem "KUNSTEN AF MADELSKER INDPAKNINGER" nærmer sig enden, håber vi, at du har nydt den dejlige verden af wrap-kreationer og løftet dit wrap-spil til nye højder. Kunsten at lave gourmetwraps er en rejse fyldt med uendelige muligheder, og du har mestret evnerne til at lave wraps, der tilfredsstiller både ganen og sjælen.

Vi opfordrer dig til at fortsætte din udforskning af wraps, eksperimentere med nye ingredienser og dele dine kulinariske kreationer med venner og familie. Hver indpakning du laver er en mulighed for at udtrykke din kreativitet og give en lækker og mindeværdig madoplevelse.

Tak fordi du var med på dette kulinariske eventyr. Vi stoler på, at den viden og de færdigheder, du har opnået, vil fortsætte med at inspirere din passion for gourmet wraps. Så fortsæt med at rulle og nyd det kunstneriske af wraps i dit eget køkken. God indpakning!

www.ingramcontent.com/pod-product-compliance
Lightning Source LLC
LaVergne TN
LVHW021702060526
838200LV00050B/2475